RACINE

ET

VICTOR HUGO

PAR

PAUL STAPFER

Professeur à la Faculté des lettres de Bordeaux

---><><><---

PARIS

ARMAND COLIN ET Cie, EDITEURS

1, 3, 5, RUE DE MEZIÈRES

RACINE

ET

VICTOR HUGO

DU MÊME AUTEUR :

Molière et Shakespeare. Nouv. édit. 1 vol. in-16.   3 fr. 50
   (Ouvrage couronné par l'Académie française)
Études sur la littérature française moderne
   et contemporaine. 1 vol in-12. . . . .   3 fr. 50
Gœthe et ses deux chefs-d'œuvre classiques
   2ᵉ édition. 1 vol. in-12. . . . .   3 fr 50
Laurence Sterne. Sa personne et ses ouvrages.
   Étude précédée d'un fragment inédit de Sterne.
   1 vol. in-8° avec portrait . . . .   7 fr. »

RACINE

ET

VICTOR HUGO

PAR

PAUL STAPFER

Professeur à la Faculté des lettres de Bordeaux

PARIS
ARMAND COLIN ET Cie, ÉDITEURS
1, 3, 5, RUE DE MÉZIÈRES

1887

Tous droits réservés.

PRÉFACE

C'est une chose assez singulière, qu'un auteur puisse juger utile de dire à son lecteur . « Lis mon livre *entièrement.* » Mais la précaution n'est peut-être pas superflue, en face de deux critiques contraires qui ont déjà commencé à se produire quand parurent les articles dont la collection compose ce volume.

Leur auteur a été taxé d'*Hugophobie* et d'*Hugolâtrie.*

En effet, il blâme et il loue Victor Hugo : choses contradictoires aux yeux de bien des gens.

On aurait sans doute quelque peine à découvrir aujourd'hui, parmi les gens cultivés, une personne assez étrangère aux idées de son siècle pour apercevoir une contradiction dans le fait d'admirer à la fois deux natures opposées, telles, par exemple, que Victor Hugo et Racine; s'il existait encore un de ces esprits attardés, il serait vraiment digne de la curiosité des académies savantes, comme un sur vivant rare, comme un monument précieux d'un autre âge : mais, ce qui reste et restera toujours extrêmement commun, à tous les degrés d'instruction, c'est l'enthousiasme exclusif qui nous fait tout embellir dans l'objet de notre culte; c'est le dénigrement systématique qui rabaisse et avilit tout dans ce qu'on a une fois pris en grippe. Aime-t-on passionnément un poète? On jette d'une main discrète et pieuse un voile sur ses vilains côtés. Est-on choqué, au contraire, par quelque chose de profondément antipathique dans son caractère ou dans son génie? On devient froid et injuste pour ce qu'il a de plus admirable.

Il serait puéril de dénoncer avec indignation une faiblesse, trop naturelle à tout homme pour que ceux mêmes qui la condamnent le plus haut puissent avoir la prétention d'en être exempts. Je ne me fais, quant à moi, aucune illusion, et sachant mieux que personne à quoi m'en tenir sur mes véritables sentiments, je confesse mon faible : admirateur passionné de Victor Hugo, comme de Racine, j'ai dû très certainement céder plus souvent que je n'en ai conscience à la tentation continuelle d'exagérer leurs mérites, d'atténuer leurs défauts et leurs torts. Si la critique qui me reproche un amour idolâtre me fait légèrement sentir sa piqûre, parce que je reconnais quelque chose de juste au fond de ce reproche, celle qui m'accuse d'inimitié et de malveillance me fait sourire et passe sans m'atteindre, tant une pareille accusation manque de ce qui pourrait me la rendre sensible : un atome de vérité!

Les défaillances de l'ouvrier ne sont point une preuve que sa méthode soit mauvaise. Ma méthode critique, pour laquelle je ne réclame pas de brevet d'invention et qui a sans doute été en usage depuis que les critiques ont appris à critiquer leurs propres idées, consiste à exprimer sur le même auteur, sur le même homme, le *pour* et le *contre*, avec une égale franchise, en donnant un accent et un relief égaux aux deux thèses. C'est tout simplement le procédé du dialogue philosophique introduit dans l'analyse littéraire. *A* prend la parole, *B* lui répond; mon jugement total et définitif se compose d'*A* plus *B*, ou de *B* moins *A*.

En matière de goût, c'est-à-dire de libre sentiment, j'aime mieux en général faire succéder la lumière à l'ombre que de les fondre l'une dans l'autre, et je préfère le choc des opinions contraires à l'exacte pondération des jugements de juste milieu.

Le lecteur trouvera un premier essai de cette méthode dans les chapitres consacrés spécialement à Racine, mais c'est surtout Victor Hugo qui en provoquait l'application, et l'on peut vraiment dire que, si elle n'existait pas, il faudrait l'inventer tout exprès pour lui. Il n'y a pas de poète au monde dont il soit plus légitime de dire beaucoup de mal et beaucoup de bien. Tout critique qui n'est pas excessivement sensible à ce que Pascal eût appelé sa grandeur et sa misère, restera, en parlant de lui, fort au-dessous de l'expression juste, qui devrait être toujours ici l'expression vive. C'est le plus grand des poètes français, et c'est un rhéteur insigne, c'est l'organe le plus éloquent du siècle, et c'est un diseur de riens, emphatique et puéril, battant la grosse caisse et jetant de la poudre aux yeux des badauds; c'est une source qui a fécondé, renouvelé la littérature, et c'est un modèle stérilisant; c'est enfin un « auteur divin » qui a noblement mérité de l'humanité par de beaux ouvrages et de bons ouvrages, et c'est un homme très imparfait qu'aucun moraliste ne peut offrir comme idéal à l'humanité.

Constater l'une et l'autre chose, est-ce donc se contredire? j'estime que la contradiction, comme on dit en logique, n'est point dans le *sujet*, mais dans l'*objet*.

RACINE ET VICTOR HUGO

I

VICTOR HUGO JUGE DE RACINE

Dans la préface de *Cromwell*, Victor Hugo vante beaucoup Racine; il écrit : « Racine, divin poète, est élégiaque, lyrique, épique. » Il appelle *Esther* « une ravissante élégie »; *Athalie*, « une magnifique épopée ». « Il est incontestable, dit-il, qu'il y a surtout du génie épique dans cette prodigieuse *Athalie*, si haute et si simplement sublime que le siècle royal ne l'a pu comprendre. »

Voilà des éloges. Cependant on peut déjà s'apercevoir qu'ils contiennent une grave réticence : rien de moins que le génie dramatique lui-même, dont ces grands compliments au poète épique, au poète élégiaque, impliquent la négation. Et le fait est que Victor Hugo, qui admirait Racine avec réserve en 1827, a fini par le louer moins que modérément. Les personnes qui ont eu l'honneur de fréquenter vers la fin de sa vie l'auteur de *la Légende des Siècles* savent qu'il dépréciait fort l'auteur de *Phèdre* comme poète dramatique et comme écrivain. J'ai eu occasion de rapporter dans un précédent ouvrage [1] quelques-unes de ses conversations à ce sujet : qu'on me permette d'en transcrire ici la partie principale.

« Racine fourmille de fautes de français et d'images fausses. Il n'y a pas une image fausse dans Homère, il n'y a pas une image fausse dans la Bible... Mais voulez-vous voir une image fausse ? Prenez le premier vers venu de Racine, celui-ci, par exemple, qui est célèbre, et que tous les badauds répètent avec admiration :

> Et la rame inutile
> Fatigua vainement une mer immobile.

« Mais c'est justement quand la mer est immobile que la rame est utile ! Et puis, quoi de plus faux, quoi de plus mesquin que l'image de cette mer *fatiguée* ? Eh ! la mer se fatigue-t-elle ? Ce sont les rameurs qui se fatiguent, et il fallait montrer les ra-

---

1. *Les Artistes juges et parties* Causeries parisiennes, 1872.

meurs en sueur, courbés sur la mer infatigable : voilà ce qu'aurait fait Homère.

« Quant aux fautes de français, elles sont si nombreuses dans Racine que, si vous voulez un de ces jours lire attentivement avec moi une de ses tragédies, n'importe laquelle, nous n'aurons jamais fini de les relever. Mais elles échappent à une lecture rapide parce qu'elles n'ont rien de très choquant pour la plupart et qu'elles se dérobent habilement dans le tissu harmonieux du style. Le style de Racine ne ressemble pas à ces visages florissants de vie où l'on voit des rougeurs et des boutons qui ne sont que l'exubérance de la santé; ici la peau est fine, le sang est pur en apparence, mais secrètement il est vicié et le corps entier dépérit. Tenez, voici quatre vers qui passent pour très beaux :

> D'un œil aussi content, d'un cœur aussi soumis
> Que j'acceptais l'époux *que* vous m'aviez promis,
> Je saurai, s'il le faut, victime obéissante,
> Tendre au fer de Calchas une tête innocente.

« A l'exception du vilain *que* redoublé au second vers, cette période flatte agréablement l'oreille; mais analysez un peu ce galimatias suave : voici une fille qui va tendre sa tête au fer (on dit *tendre le cou*) d'un œil content et d'un cœur soumis, du même œil et du même cœur dont elle aurait bien voulu se marier! C'est grotesque. Vous rencontrez à chaque instant dans Racine des expressions impropres et incohérentes, comme celle-ci : « Le *jour* que je *res-*

pire. » Le fameux discours de Théramène se termine par une faute de français :

> Triste objet où des dieux triomphe la colère
> Et que *méconnaîtrait* l'œil même de son père.

Jamais *méconnaître* n'a signifié *ne point reconnaître*. Ce réjouissant discours de Théramène ! les critiques le condamnent bien comme un hors-d'œuvre ; toutefois ils font une réserve en faveur des vers, et M. Guizot dit quelque part qu'ils sont *magnifiques*. Mais s'il y a jamais eu des vers de mirliton, c'est la description du monstre !... Il y a trois ou quatre fautes de français dans le discours d'Agrippine... Le vieux préjugé, que Racine est un grand écrivain, est tenace ; il faudra du temps à la vérité pour le détruire. Chose curieuse ! voici des vers de Racine qu'on trouve ridicules par tradition. Or ce sont les vers de Pradon qui sont bons. Hippolyte dit à Aricie dans la *Phèdre* de Racine :

> Depuis près de six mois, honteux, desespéré,
> Portant partout le trait dont je suis dechiré,
> Contre vous, contre moi, vainement je m'eprouve :
> Presente, je vous fuis ; absente, je vous trouve.
> Dans le fond des forêts votre image me suit ;
> La lumière du jour, les ombres de la nuit,
> Tout retrace à mes yeux les charmes que j'évite ;
> Tout vous livre à l'envi le rebelle Hippolyte.
> Moi-même, pour tout fruit de mes soins superflus,
> Maintenant je me cherche et ne me trouve plus.

Mon arc, mes javelots, mon char, tout m'importune,
Je ne me souviens plus des leçons de Neptune ;
Mes seuls gémissements font retentir les bois,
Et mes coursiers oisifs ont oublié ma voix.

« Je ne sais pas si c'est là ce que Voltaire nomme *la belle nature;* pour moi, je ne puis voir dans cette longue tirade qu'une vide et pompeuse rhétorique. Quoi de plus affecté que ce grand nigaud d'Hippolyte *importuné par son char?* Pradon dit tout simplement :

Depuis que je vous vois, je n'aime plus la chasse,
Et, si j'y vais, ce n'est que pour penser à vous.

« Voilà des vers humains, naturels et vrais, pleins de grâce et de sensibilité. Il faut donner à la roue de l'opinion un tour complet, mettre Pradon en haut et Racine en bas, et dire au goût français : Adore ce que tu as brûlé, brûle ce que tu as adoré...

« Racine est un poète *bourgeois*. Il répond à un besoin : le besoin de la poésie bourgeoise. Les bourgeois veulent avoir leur poète, leur bon petit poète sage et médiocre, qui ne les dépasse pas trop et leur présente un ordre de beauté moyenne où leur intelligence soit à son aise : Racine est ce poète par excellence. La famille des poètes bourgeois commence à Racine et finit à Émile Augier en passant par Casimir Delavigne et Ponsard..

« Racine a un certain talent de composition et surtout d'analyse psychologique : ses pièces sont assez bien faites comme pièces, la trame en est ourdie doctement, et sa métaphysique des passions ne manque pas d'un certain intérêt ; c'est un auteur estimable, du deuxième ou du troisième ordre mais ce n'est ni un grand écrivain ni un poète de premier rang. »

La portion grammaticale de ces critiques de Victor Hugo a été citée et réfutée par M. Paul Mesnard dans sa savante *Étude sur le style de Racine*, insérée au tome VIIIme et dernier de son édition de Racine, l'une des plus parfaites de cette admirable collection des *Grands écrivains de la France* qui est le chef-d'œuvre de l'érudition et de la librairie contemporaines :

« L'expression *fatiguer la mer par les rames* est de Virgile (*Énéide*, livre VIII, vers 94) et n'avait jamais encore été trouvée mesquine. Elle présente une image particulièrement vraie ici, où il s'agit, ce qui n'est pas dans Virgile, d'efforts impuissants que la mer, vainement frappée, doit souffrir avec impatience... Au reste, Racine parle d'un « prodige étonnant » (*Iphigénie*, vers 47), d'un « miracle inouï » (vers 51) : ce qui doit faire penser que les lois de la nature étaient suspendues et que, même sur cette mer endormie, la rame, par quelque volonté des dieux, était sans effet...

« Dans le sens de *trop avancer*, on tend le cou, et non la tête ; mais, lorsque *tendre à* veut dire *présen-*

ter à, on dit fort bien *tendre le cou au bourreau, tendre la gorge au fer* (Rotrou et du Ryer l'ont dit); pourquoi ne dirait-on pas « tendre la tête au fer », expression très claire et très naturelle, que Voltaire n'a pas craint de s'approprier dans *Mariamne* (acte V, scène 7) :

Tend au fer des bourreaux cette tête charmante..

« Si Racine a eu tort de dire : *le jour que je respire*, il faut blâmer aussi Corneille qui écrit :

Albe, où j'ai commencé de respirer le jour
(*Horace*, vers 29);

... [Ceux] qui m'ont conservé le jour que je respire
(*Cinna*, vers 1458);

et sans doute en même temps Virgile, chez qui l'on trouve *haurire lucem* (*Géorgiques*, livre II, vers 340)...

« M. Hugo s'est encore trompé sur la langue du xviiᵉ siècle dans sa critique au sujet de *méconnaître*. On peut voir non seulement le *Lexique* de Racine, où il y a des exemples de ses autres tragédies et même de sa prose, mais aussi les *Lexiques* de Corneille, de Malherbe, de Mᵐᵉ de Sévigné, et dans le dictionnaire de M. Littré des citations de Bossuet, de La Rochefoucauld, de Boileau. »

Ajoutons qu'au xviiiᵉ siècle Voltaire a dit de même :

« Il n'est pas possible de *méconnaître* Charles-Quint dans le portrait de Picrochole ». et André Chénier dans son églogue du *Mendiant :*

> O mon père ! est-ce toi ?
> Je rougis que mes yeux aient pu te *méconnaître.*

Quoi qu'il en soit de la valeur de ces critiques et des réponses qui leur ont été faites, si jamais jugement porté par un grand poète sur un autre grand poète devait être prévu et n'a lieu de surprendre personne, c'est assurément celui qu'on vient de lire, où Victor Hugo a moins prononcé la condamnation de Racine qu'il ne s'est, pour ainsi dire, dénoncé et livré lui-même.

Les poètes, et généralement les artistes, sont de tous les critiques les plus pénétrants et les plus étroits. Ils comprennent et sentent mieux que le plus habile critique de profession ce qui a de l'affinité avec leur génie ; mais ils sont moins capables d'apprécier les genres de mérite étrangers au leur que le premier venu des critiques de profession. En un mot, ils sont *exclusifs ;* et cette foi exclusive dans leur idéal, qui donne à leur intelligence critique des bornes resserrées, fait la force de leur génie créateur. Les procédés du drame et du style étaient trop différents ou plutôt trop contraires chez les deux principaux représentants de la poésie française au XVIIe et au XIXe siècle pour qu'on pût attendre de leur part autre chose qu'aversion et dédain réciproques : si Victor Hugo méprisait Racine, Racine aurait haï Victor Hugo.

Nous n'en sommes pas réduits sur ce dernier point à une conjecture vague et plus ou moins douteuse, puisque nous connaissons positivement les sentiments de Racine pour celui de ses grands contemporains dont le génie ressemblait le plus à celui de Victor Hugo : Racine s'est montré froid et amer pour Corneille (voir la préface de *Bérénice* et surtout la première préface de *Britannicus*), pendant que Corneille, de son côté, tout comme Victor Hugo, refusait à Racine le génie dramatique et ne lui reconnaissait de talent que pour les autres genres de poésie. Valincour raconte dans une lettre à l'abbé d'Olivet et dit tenir de Racine lui-même qu'après avoir écouté la lecture de la tragédie d'*Alexandre*, Corneille conseilla à Racine d'appliquer son talent à tout autre genre de poésie, l'assurant qu'il n'était pas propre à la poésie dramatique. Plus tard, il ne rendit pas davantage justice à *Britannicus* [1].

---

1. Voir le *Racine* de M. Paul Mesnard, t. Ier, p. 499, et t. II, p. 223.

Il est trop souvent vrai que « le potier porte envie au potier », selon le mot du vieil Hésiode ; mais cette explication se trouve fausse quelquefois, et, en tout cas. elle est vulgaire, indigne de la noblesse d'âme que nous aimons mieux supposer chez les familiers de la muse. L'opposition complète des idées et des natures entre Racine d'une part, Corneille ou Victor Hugo d'autre part, suffit, sans l'addition d'un mobile inférieur, pour expliquer leur mutuelle antipathie.

L'un recherche curieusement la vérité dans l'observation humaine et dans l'expression ; content de peindre le cœur de l'homme et de la femme, il se soucie peu d'édifier ou d'instruire : les deux autres, religieusement épris de grandeur héroïque et de sublimité, séduits aussi par le gigantesque, redoutent moins la déclamation et l'emphase que le terre à terre des sentiments et du style ; ils prêchent, ils raisonnent, ils dissertent, tenant école de morale dans leurs drames et de rhétorique dans leurs préfaces. Racine s'intéresse avant tout aux passions et aux caractères ; les situations dramatiques ne lui servent que de matière commune pour ses études psychologiques ; les plus ordinaires sont celles qu'il choisit, par suite de son goût pour le vrai, pour le simple, et de peur de détourner, du fond principal sur des circonstances accessoires, l'attention de l'homme intelligent qui lit ou voit jouer ses pièces. Corneille et Victor Hugo commencent par imaginer des situations extraordinaires et frappantes ; les scènes à effet sont celles en vue desquelles ils construisent le drame et distribuent subsidiairement les caractères et les rôles, parce qu'ils veulent d'abord exciter l'admiration ou l'étonnement. Leur composition enfin et leur style, semblables à ces animaux vigoureux et bondissants dont parle Bossuet, « ne s'avancent que par vives et impétueuses saillies », je veux dire par antithèses, tandis que la composition et le style de Racine se déroulent comme une belle rivière au cours lent et régulier, se complaisent dans les sinuosités, les nuances, les parties délicates de l'art d'écrire, fondent tous les contrastes dans la mesure et l'harmonie, voilent toutes les hardiesses d'élégance et de nombre, studieux d'épargner jusqu'à la plus légère secousse à l'esprit qui se laisse doucement bercer par leur flot.

Si mon sujet était *Corneille et Victor Hugo*, j'aurais à montrer, sous la ressemblance fondamentale, des différences plus ou moins importantes, mais qui n'empêchent pas ces deux grands hommes d'être manifestement deux frères, deux génies de la même famille. *Le Cid* et *Hernani*, déjà extérieurement semblables par les circonstances de leur éclatante apparition, peuvent offrir dans la provenance espagnole des sujets, dans la couleur romantique des sentiments, dans l'éloquence empanachée et les rodomontades des personnages, de quoi prêter à une comparaison plus directe. Le héros du drame de 1830 réclamant l'honneur du supplice réservé par l'empereur aux conjurés d'un sang noble et s'écriant :

Puisqu'il faut être grand pour mourir, je me lève.
Je suis Jean d'Aragon !

est sublime comme un héros de Corneille, sublime également et de la même manière. Charles-Quint faisant grâce à Hernani et lui cédant doña Sol pour épouse n'égale peut-être pas, mais certainement rappelle Auguste pardonnant à Cinna et le fiançant à Émilie [1]. Dans

1. La scène III du troisième acte de *Cromwell*, où le Pro-

la comédie héroïque de *Don Sanche d'Aragon*, la reine de Castille dit au cavalier Carlos, qu'elle veut anoblir :

> ... Eh bien ! seyez-vous donc, marquis de Santillane,
> Comte de Pennafiel, gouverneur de Burgos.

L'idée, le sentiment, l'attitude, le geste, l'accent et presque le son ne se retrouvent-ils pas tout pareils dans ces vers de don Carlos à doña Sol :

> Allons, relevez-vous, duchesse de Segorbe,
> Comtesse Albatera, marquise de Monroy.. ?

Victor Hugo avait naturellement conscience de sa parenté avec le grand Corneille, et il s'est toujours exprimé sur son compte avec ménagement et avec estime [1]; toutefois la justice qu'il

tecteur discute avec ses conseillers la question de savoir s'il doit ou non prendre la couronne, est rapprochée par M. Edmond Biré de la scène 1 du deuxième acte de *Cinna*, où Auguste délibère avec Maxime et Cinna sur le même sujet. Le rapprochement est juste ; mais la remarque du critique, qui prétend en inférer quelque chose contre l'originalité de Victor Hugo, est un singulier paralogisme. A quoi la poésie serait-elle réduite, si elle ne pouvait plus traiter deux fois le même thème?

1. Pour un seul de nos poètes classiques Victor Hugo ne s'est pas montré froid, et ce poète est... Boileau. Il l'a fort malmené, il est vrai, dans plusieurs de ses écrits ; mais ses bourrades cachaient une tendresse secrète qui s'est quelquefois manifestée. C'est l'inverse de ce qui a eu lieu pour Racine, où les compliments de pure forme recélaient une profonde antipathie. Dans la conversation, Victor Hugo professait une

rend à son illustre ancêtre ne va pas jusqu'à lui faire une place dans cette liste étonnante des quatorze plus grands génies poétiques de l'humanité, qui admet saint Jean et saint Paul, mais qui exclut Pascal, Corneille, La Fontaine, Molière, sans parler de Sophocle, de Virgile et de Gœthe, et laisse en blanc le nom du poète français que Dieu tient en réserve pour y briller un jour à côté de l'auteur de *Gargantua* [1].

Comme la matière de la poésie est éternellement la même, il n'existe sans doute pas deux poètes assez différents l'un de l'autre pour qu'aucun rapprochement ne soit possible entre leurs œuvres. On a donc trouvé quelques points de contact entre l'œuvre de Victor Hugo et celle de Racine.

La fin du deuxième chœur d'*Athalie* développe à peu près le même thème que la sixième

---

admiration sincère pour certaines parties du talent de Boileau ; le lecteur du présent volume en trouvera plus loin des témoignages. Il y a plus d'analogie qu'on ne pense entre ces deux esprits, l'un et l'autre laborieux, systématiques, opiniâtres, obsédés par la rime, adorateurs de la forme, à l'affût du mot précis, lumineux et pittoresque, plus riches d'art que de matière et montrant l'art toujours. Et puis, ne sont-ce pas deux *maîtres d'école*?

1. Voy. *William Shakespeare*, livre II.

des *Voix intérieures*. Didier dit dans *Marion Delorme* :

>   . . . Je n'ai jamais connu
>   Mon père ni ma mère. . . . .
>   J'ignore d'où je viens et j'ignore où je vais;

et Eriphile dit dans *Iphigénie* :

>   Je reçus et je vois le jour que je respire
>   Sans que père ni mère ait daigné me sourire.
>   J'ignore qui je suis [1].

Une analogie un peu moins superficielle a été indiquée en passant par M. Mesnard [2] entre la scène II du quatrième acte de *Mithridate*, où Xipharès se plaint d'être « un malheureux que le destin poursuit », et la scène IV du troisième acte d'*Hernani*. où ce héros fatal s'écrie :

>   .. Je suis une force qui va!
>   Agent aveugle et sourd des mystères funèbres!...
>   Où vais-je? Je ne sais. Mais je me sens poussé
>   D'un souffle impétueux, d'un destin insensé.

On peut aussi comparer Junie, quand elle écarte l'amour de Néron en lui représentant qu'il a, pour se dédommager, l'empire et l'univers.

---

1. Voy. *le Théâtre en France*, par Alexandre Parodi, p. 315 et suivantes.
2. *Étude sur le style de Racine*, p. XXXIX.

tandis que Britannicus est seul et n'a qu'elle pour tout bien, à doña Sol aimée d'Hernani et repoussant l'amour de don Carlos par des considérations toutes semblables.

Mais ces rencontres fortuites, n'étant point dues à la communauté habituelle et foncière des sentiments et des idées, n'offrent aucun intérêt sérieux. Toute comparaison de détail entre les deux poètes ne servirait qu'à éclairer d'un jour particulier ce que nous savons assez d'ailleurs : la différence profonde de leurs façons de penser, de sentir et de rendre. Pour que les parallèles littéraires, genre d'étude hors de mode aujourd'hui, soient utiles et féconds, il faut qu'il y ait entre les deux écrivains qu'on rapproche et qu'on oppose des points de contact un peu intimes : autrement ce n'est qu'un jeu frivole, comme le serait, par exemple, la fantaisie de comparer la préface des *Orientales* aux lettres contre les docteurs jansénistes, à cause de la désinvolture cavalière avec laquelle les deux jeunes poètes y défendent la liberté de l'art ; puis, la préface de *Lucrèce Borgia* à la préface de *Phèdre*, sous prétexte que, dans la première, Victor Hugo, converti à une philosophie plus grave, se montre soucieux des âmes dont il « a charge » et qu'il prétend édifier, et que Racine, dans la seconde, rêve au « moyen de réconcilier la tragédie avec quantité de personnes célèbres par leur piété et par leur doctrine, qui l'ont condamnée et qui en jugeraient sans doute plus favorablement si les auteurs songeaient autant à instruire les spectateurs qu'à les divertir ».

Au fond, Racine est demeuré jusqu'à la fin plus purement *artiste* que Victor Hugo, je veux dire plus détaché de toute préoccupation étrangère à l'art. L'idée de « réconcilier » *Phèdre* avec Nicole et avec Arnauld est une réflexion qui ne lui est venue qu'après coup et qui n'a influé en rien sur la composition de ce chef-d'œuvre. Le caractère général de l'art, même de l'art dramatique, au siècle de Louis XIV, c'est d'être désintéressé du point de vue moral et pratique dont les époques suivantes ont fait tant de bruit. Quand Mme de Maintenon demanda à Racine pour les demoiselles de Saint-Cyr « un petit ouvrage » propre à inspirer la piété, « un amusement de classe » qui n'intéresserait pas sa réputation, Boileau fut tout effrayé et dissuada fortement son ami d'obéir ; il ne connaissait pas les secrets de l'art de Racine, capable de faire d'un ouvrage d'édification un chef-d'œuvre de poésie pure ; mais son effroi trahit bien les sentiments d'un véritable artiste de cette grande époque : il a beau être chrétien, il a beau être courtisan : point de concession ni au zèle religieux ni à la femme du roi, qui ferait descendre l'art au second rang dans les préoccupations du poète !

Le seul intérêt véritable du rapprochement des noms de Racine et de Victor Hugo consiste en ce qu'ils sont les deux centres principaux de la poésie française.

Tout le xviii° siècle fait profession d'être de l'école de Racine en poésie. L'école se flatte assurément quand elle se figure ressembler au maître ; mais ce n'est point la question, il suffit qu'elle veuille et qu'elle croie le continuer. Quant à Victor Hugo, il est clair qu'il domine et résume notre poésie du xix° siècle. Nier, comme on l'a fait, son influence sur son temps [1]. c'est soutenir un paradoxe vraiment téméraire et trop dépourvu de réflexion. Jamais écrivain n'eut une action plus manifeste sur la forme et sur la façon

---

1 Voir la conclusion du livre de M. Edmond Biré, *Victor Hugo avant 1830*.

de dire : or façonner le style, n'est-ce pas façonner la pensée? Peut-on refaire une prosodie et une langue sans modifier en quelque mesure, ou plutôt très profondément, l'âme de tout le peuple rimeur?

S'il est facile de montrer que Racine et Victor Hugo sont les deux poètes qui ont le plus puissamment agi sur notre langue et sur notre littérature poétiques, parce que c'est une question de fait et que, pour voir un fait de cette évidence, il suffit d'ouvrir les yeux, la démonstration devient autrement délicate quand on veut établir la supériorité non plus de leur action, mais de leur génie. C'est affaire d'appréciation; la discussion demeure ouverte, et nul argument ne saurait être assez péremptoire, assez définitif pour la clore.

Quelqu'un est-il plus particulièrement frappé du pouvoir créateur de Corneille faisant surgir du chaos dramatique de son époque « la merveille du *Cid* »; ou de l'humanité profonde d'un génie comme Molière, dont on a pu dire qu'il appartenait moins à la France qu'au monde entier; ou de l'aisance souveraine avec laquelle La Fontaine a donné la vie à un tout petit univers que les bêtes seules n'animent pas, mais aussi l'homme et la nature? il ne manquera point de raisons pour justifier sa préférence. Et si quelque homme de goût préférait Lamartine parce que, dès 1820, dans ses premières *Méditations*, il s'est élevé sans effort et d'un seul coup d'aile à une hauteur que notre poésie pourra encore atteindre, mais non pas dépasser, ou parce que *Jocelyn* est, entre tous les poèmes français du xixe siècle, le plus ample et le plus complet; si même la grâce de la raison et de l'esprit, la sincérité de l'émotion, l'accent pathétique de la douleur déterminaient le choix de quelque amateur sensible et délicat en faveur d'un poète aussi sympathique et aussi français qu'Alfred de Musset : les arguments ne leur feraient pas défaut non plus pour rendre plausible leur prédilection. Je ne saurais donc avoir la prétention de démontrer que Racine et Victor Hugo sont les deux plus grands génies poétiques de la France; mais, sachant que tout jugement de goût, s'il n'a rien de rigoureusement logique, rien qui force et oblige l'assentiment d'autrui, doit être néanmoins fondé en raison, je vais dire simplement les raisons du mien.

La supériorité de Victor Hugo est généralement admise dans les termes et dans les limites que voici : il est, dit-on, le plus grand fabricateur de vers et de beaux vers que la France ait produit.

Les personnes qui s'expriment de la sorte, ou qui le proclament souverain maître de la rime, artiste incomparable, virtuose prodigieux, reconnaissent et portent même aux nues son talent d'exécution, mais pour lui contester plus à leur aise les autres dons essentiels sans lesquels il n'y a point de poète vraiment complet. Cependant, si elles sont de bonne foi, elles font quelques réserves : elles conviennent que telle pièce ou tel recueil de Victor Hugo montre exceptionnellement de l'âme, de la sensibilité, de la passion, une réelle chaleur, une véhémence sincère ou une gravité convaincue. Concession imprudente : il serait plus habile, sinon plus honnête, de soutenir hardiment ce paradoxe, que Victor Hugo est toujours et partout le même magicien, indifférent au fond des choses, uniquement occupé de nous éblouir, et que, ni dans *les Châtiments* ni dans les poésies inspirées par la mort de sa fille, jamais il n'a laissé tomber de sa plume savante un seul vers qui partît du cœur.

Car, d'exceptions en exceptions, on va loin. Quand vous les aurez toutes relevées et additionnées, vous formerez un si gros total qu'il ferait la fortune de vingt poètes. Dans une production de cette variété et de cette étendue, il y a de tout, même le contraire de ce qu'on prend pour son caractère distinctif, de ce qui sert à la définir. Vous taxez Victor Hugo de froide rhétorique, et il se trouve que ce rhéteur a écrit les vers les plus simples et les plus touchants de notre langue; ils se comptent par centaines, ils se comptent par milliers, en sorte que ce qu'on appelle exception, et ce qui est exception peut-être, comparé à l'immensité de l'œuvre entière, constitue en soi une somme de richesses dont on ne peut pas dire le chiffre, une large et magnifique contribution au trésor de notre littérature.

Est-ce parce que l'argument tiré de la *production* poétique a, dans sa force même, je ne sais quoi de brutal, de vainqueur à trop bon marché, qu'on semble hésiter à en faire usage? Massue si vous voulez, c'est une bonne arme et je m'en sers. Comment! voilà un auteur duquel a débordé, pendant plus d'un demi-siècle, un véritable fleuve de poésie; les eaux de ce fleuve, fangeuses par endroits ou torrentielles et faisant plus de bruit que de bien, ont en mainte autre place une fraîcheur, une pureté délicieuses et fertilisent leurs rives; ode, satire, narration épique, drame, roman et le reste, cet homme a tout osé, tout entrepris, supérieur à tous les poètes français dans trois choses au moins : l'ode non religieuse, le récit épique et la satire; nulle part inférieur à lui-même; son théâtre, qui passe pour la plus faible partie de son œuvre, occupe à tout le moins une place assez brillante dans notre littérature dramatique pour qu'on ne pût l'en retrancher sans y faire un vide considérable; jamais poète en France, ni même peut-être ailleurs, n'a montré une pareille universalité de talents, des aptitudes diverses aussi également distribuées pour les trois grands genres et les innombrables variétés qui composent les divisions et les subdivisions du premier des arts, la poésie : et parce que ce poète avait une habileté de touche merveilleuse, parce que, versificateur unique, « impeccable écrivain », il lui est arrivé souvent, entre deux morceaux pathétiques ou sublimes, d'exécuter sur son clavier sans pareil des variations où le métier seul est admirable, on lui fait un reproche d'avoir rempli les

intermèdes avec le surplus de sa musique!
Parce que les intermèdes sont pleins de brio, on
conteste la sérieuse beauté du concert! Parce
qu'ils se prolongent et se multiplient, on nie que
le concert existe! On pousse l'injustice et l'ingratitude à ce point, de ne plus voir, de ne plus
entendre autre chose que l'éblouissement et le
fracas des morceaux de bravoure; ils effacent
tout le reste, et l'on punit en oubliant, en méconnaissant ses chefs-d'œuvre, le grand poète
coupable d'avoir offert aussi d'agréables fêtes à
nos oreilles, les supposant moins dures et moins
insensibles que nos âmes!

En somme, Victor Hugo a reçu de la nature et
perfectionné par le travail l'organisation poétique la plus riche et la plus complète que nous
offre l'histoire de la littérature française. Entre
cette proposition et celle-ci : *Victor Hugo est le
plus grand poète de la France*, j'avoue que la
nuance m'échappe.

La supériorité de Racine est évidemment restreinte au genre dramatique et à la tragédie. Ses
tragédies elles-mêmes ne sont pas nombreuses
et l'instrument du poète, je veux dire sa langue
n'est rien moins qu'un orchestre aux mille voix

Mais dans ces limites étroites et avec ces ressources limitées, Racine est un *artiste créateur* dans toute la force du terme et avec une perfection de réussite que n'ont point égalée des poètes d'un génie plus vaste ou mieux pourvus de moyens d'expression. Il nous présente le phénomène de la création poétique, non dans sa soudaineté la plus saisissante, non dans son déploiement le plus magnifique, mais dans sa plus entière pureté : d'éléments ordinaires, simples jusqu'à nous paraître pauvres, communs presque jusqu'à la trivialité, Racine a su tirer, sans effort apparent, avec une élégance suprême, un petit monde de poésie exquis et achevé.

Son œuvre est belle de cette beauté divine que le temps n'altère point : pendant que le théâtre de Corneille s'est recouvert d'une rouille archaïque, pendant que le théâtre de Victor Hugo paye son éclat superficiel par une vétusté précoce et, à quarante ans de distance, nous apparaît déjà comme un monument d'un autre âge, celui de Racine conserve une vigueur de jeunesse qui résistera, on peut l'affirmer après l'épreuve de deux siècles, à toutes les variations de la langue et de la mode. A quoi doit-il cette santé toujours florissante? Ce n'est pas seulement au style du grand écrivain et à un art de composition qui n'a peut-être pas son égal dans toute la littérature ; ce n'est pas seulement au solide intérêt et à la profondeur de l'observation morale : c'est aussi, c'est en premier lieu à la perfection avec laquelle s'y trouve réalisé l'*idéal de la poésie dramatique.*

N'en déplaise à Victor Hugo et à certains maîtres de la critique contemporaine qui partagent au fond son erreur, le génie de Racine est dramatique ; il l'est à ce point que son théâtre est pour ainsi dire, le drame même en son essence [1].

On peut dérouler avec une bien autre ampleur le spectacle de la vie humaine et du monde Shakespeare en est la preuve glorieuse ; on peut proposer de plus fortifiants exemples de vertu ou d'héroïsme. Corneille l'a fièrement montré ; on peut aussi, Victor Hugo l'a fait voir, offrir à l'imagination et à la vue des amusements plus pittoresques ; mais il est impossible de concentrer avec plus de puissance dans l'espace de seize à dix-sept cents vers, mesure ordinaire des tragédies de Racine, l'essence des grandes pas-

---

1. « Non seulement la tragédie classique est une action et un drame ; mais encore c'est le drame sous sa forme la plus concentrée et, par conséquent, la plus saisissante. » J.-J. Weiss, *Revue politique et littéraire* du 2 décembre 1882.

sions qui font souffrir et agir l'homme et dont l'ardent conflit, éclatant à la fois dans l'intérieur de la même âme et entre des antagonistes divers, constitue pour l'esprit curieux d'étudier les forces motrices du monde moral le plus intéressant de tous les spectacles.

Le théâtre de Racine présente toujours les passions humaines dans cette riche complexité où la lutte intérieure, se mêlant habilement à la lutte extérieure, ajoute à l'action un tel surcroît de vie et de vérité dramatique, qu'on s'ennuie de ne plus les trouver l'une dans l'autre impliquées quand une fois on s'est habitué à leur mélange heureux par la main du poète, et que tout théâtre qui se borne à mettre aux prises des forces étrangères l'une à l'autre nous semble psychologiquement pauvre et incomplet. Or Racine est *le seul poète français* dans les drames duquel cette double collision soit je ne dis pas seulement représentée d'une façon parfaite, mais simplement représentée.

La fameuse lutte de la passion et du devoir chez Corneille a beau se passer dans l'intérieur d'une seule et même âme : c'est encore, en réalité, un combat de forces étrangères où les instincts de la nature et les commandements de la conscience, la chair et l'esprit sont de véritables puissances métaphysiques prenant bien un cœur d'homme pour leur champ de bataille mais demeurant, malgré cela. aussi distinctes et aussi séparées que du temps où la poésie les personnifiait en divinités rivales. Chimène aime Rodrigue et obéit, sans véritable élan de la nature, au devoir rigoureux de venger son père Pauline conserve pour Sévère un reste d'amour et garde, par honneur, la fidélité à son mari et à la loi morale. Il n'y a donc point. dans les héroïnes admirables du *Cid* et de *Polyeucte* mélange et conflit de sentiments naturels ; il y a simplement opposition et combat d'un sentiment du cœur et d'une idée de la raison. La situation dramatique est fortement tendue mais elle a quelque chose de roide dans sa simplicité ; elle ne nous offre point cette ressemblance délicate avec la vie, cet intérêt profondément tragique que présente chez Racine le spectacle moins noble, mais infiniment plus humain, des luttes intestines de la passion contre la passion.

La présence continuelle de la passion dans la dialectique des personnages de Racine l'empêche d'être jamais froide ni raisonneuse communique à leur langage une couleur d'un genre particulier, qui est la couleur dramatique par excellence. Comme toute couleur du style, celle-ci vient de l'imagination, mais de l'imagination mise en mouvement et en feu par l'ardeur et par la violence du sentiment, non point de cette imagination purement décorative, toujours brillante ou prête à briller, et qui n'a pas besoin que la passion l'excite. L'artiste ne se montre point chez Racine ; quand sa poésie, moins matérielle que spirituelle, vient à se parer d'un coloris plus éclatant, c'est la passion qui le veut ainsi, et le plaisir que nous en recevons est un enchantement, non une surprise, parce que nous trouvons tout naturel qu'une émotion vive colore le discours.

C'est la colère et l'ironie qui font monter aux lèvres frémissantes d'Hermione ce superbe vers descriptif :

Dans des ruisseaux de sang Troie ardente plongée.

Un autre vers magnifique, l'un des plus beaux de la langue française, est celui-ci :

Minos juge aux enfers tous les pâles humains.

Ce vers serait beau en toute circonstance ; mais

il y a des lieux où il pourrait être *trop beau*, je veux dire où sa beauté serait déplacée. Quelle absolue perfection ne reçoit-il pas de ce que Phèdre le prononce, Phèdre se précipitant à une mort volontaire et reculant, pâle de terreur, devant la vision du juge infernal qui surgit dans son imagination affolée ! Clytemnestre, éperdue à l'idée qu'on veut lui ravir sa fille pour la sacrifier, n'est-elle qu'éloquente? la passion chez cette femme, chez cette mère, ne fait-elle seulement qu'animer la logique? ou plutôt la représentation vive de l'horrible réalité, c'est-à-dire l'imagination, le paroxysme de la fureur et de la douleur, c'est-à-dire la passion déchaînée dans toute sa beauté orageuse, ne l'emportent-elles pas au sommet même du style dramatique et de la poésie :

> Un prêtre, environné d'une foule cruelle,
> Portera sur ma fille une main criminelle,
> Déchirera son sein et d'un œil curieux
> Dans son cœur palpitant consultera les dieux !
> Et moi, qui l'amenai triomphante, adorée,
> Je m'en retournerai seule et désespérée !
> Je verrai les chemins encor tout parfumés
> Des fleurs dont sous ses pas on les avait semés !
> Non, je ne l'aurai point amenée au supplice,
> Ou vous ferez aux Grecs un double sacrifice...
> De mes bras tout sanglants il faudra l'arracher.

Les personnes qui parlent du *tendre* Racine afin d'opposer sa douceur à la force de Corneille ou de Victor Hugo, répètent une banale sottise, moins parce qu'elles oublient des chefs-d'œuvre où la tendresse ne domine évidemment pas, tels que *Britannicus* et *Athalie*, que parce qu'elles méconnaissent un trait non seulement distinctif, mais supérieur, du génie de Racine dans toutes ses tragédies[1] : la puissante concentration de l'action dramatique. Le vieux Corneille n'a pas cette *poigne*, et, quant à Victor Hugo, le nœud de ses pièces a beau « se donner des airs de nœud gordien, il est en réalité le plus lâche du monde »[2], comme dans tout théâtre où la fantaisie du poète remplace la logique des passions et la vérité de la nature.

Ce qui est vrai d'ailleurs, c'est que Racine a entre autres dons la tendresse, une tendresse si fine et si pénétrante qu'aujourd'hui encore, après deux siècles au cours desquels le langage et l'âme de la France se sont modifiés plus ou moins, après tous les raffinements exquis de la poésie française contemporaine, nous n'en pouvons pas rencontrer l'expression sans un frisson

---

1. *Esther* exceptée.
2 J.-J. Weiss, *Revue politique et littéraire* du 2 décembre 1882.

délicieusement poignant des fibres les plus profondes de notre sensibilité, soit qu'Andromaque, voilée de deuil, glisse silencieusement et dise à voix basse :

> Je passais jusqu'au lieux où l'on garde mon fils.
> Puisqu'une fois le jour vous souffrez que je voie
> Le seul bien qui me reste et d'Hector et de Troie,
> J'allais, seigneur, pleurer un moment avec lui :
> Je ne l'ai point encore embrassé d'aujourd'hui ;

soit que Bérénice, baignée de larmes, s'écrie en disant à Titus adieu pour jamais :

> Pour jamais ! Ah ! seigneur, songez-vous en vous-même
> Combien ce mot cruel est affreux quand on aime ?
> Dans un mois, dans un an, comment souffrirons-nous,
> Seigneur, que tant de mers me séparent de vous,
> Que le jour recommence et que le jour finisse
> Sans que jamais Titus puisse voir Bérénice,
> Sans que de tout le jour je puisse voir Titus ?

La grandeur de Victor Hugo éclate dans la variété de ses talents et de ses œuvres, où tout n'est pas excellent, mais où rien n'est médiocre : avec un poète d'aussi peu d'envergure que Racine, c'est sur des détails et sur des parties qu'il convient de porter la lumière pour faire voir la hauteur où il s'élève. Sa supériorité ne semble absolument unique en deux points : il est, d'une part, dans ses tragédies profanes, le poète sans rival de l'amour ; d'autre part, dans ses deux tragédies religieuses, son génie et sa foi, aidés par le hasard des circonstances, lui ont fait découvrir un secret perdu depuis l'antiquité et que personne n'a retrouvé depuis lors : le secret de l'art naïf, et grand par sa naïveté même, ainsi qu'aux époques primitives.

S'il y a dans le talent de Victor Hugo un côté faible ou du moins inférieur au reste, c'est l'expression de la passion amoureuse. Même dans ses œuvres lyriques, la richesse des images et l'ingénieuse diversité des formes ne font pas que nos cœurs répondent toujours à celui du poète ; ou plutôt ce luxe de style est précisément ce qui affaiblit l'éloquence du sentiment. C'est un point où Musset l'emporte incontestablement sur Hugo. Chez Alfred de Musset, il y a bien moins d'éclat ; mais l'accent de la passion est sincère et l'émotion jaillit de source. Et si nous passons au théâtre de Victor Hugo, c'est là surtout que l'expression de l'amour devient un pur babil poétique, dont la mélodie et la couleur peuvent toujours charmer l'oreille et les yeux, mais qui est au fond trop insignifiant pour toucher vraiment l'âme ou pour intéresser sérieusement l'esprit.

A côté des jolies scènes qui nous montrent Hernani roucoulant avec doña Sol ou le pauvre Ruy Blas soupirant pour sa reine, rappeler seulement les pages admirables où Phèdre transportée de jalousie, Hermione folle de haine et d'amour nous font lire jusqu'au fond de leur cœur et du cœur féminin et laissent échapper les mots les plus sublimes de la passion, ce serait, pour un adorateur de Victor Hugo, se rendre coupable de maladresse ou de trahison envers son idole, et, pour un adorateur de Racine, ménager à son dieu un trop facile triomphe. Quand on a le culte de l'un et de l'autre, il faut éviter ces rapprochements dont le poids est trop lourd pour la partie vaincue et qui, provoquant infailliblement une riposte non moins rude, ne prouvent en définitive rien.

Ce n'est point d'ailleurs Hermione ou Phèdre, c'est Hippolyte et Aricie, Monime et Xipharès, qu'on pourrait équitablement opposer aux amoureux et aux amoureuses du théâtre de Victor Hugo, et sur ce terrain la défaite de l'auteur de *Ruy Blas* et d'*Hernani* devient un peu moins certaine. En général l'expression de l'amour honnête n'a rien de particulièrement heureux chez Racine : les effusions des jeunes premiers de son théâtre ne l'emportent assurément point sur les duos immortels de Chimène et de Rodrigue, de Juliette et de Roméo. Il faut donc réduire encore le domaine où ce poète est roi et restreindre sa supériorité, comme peintre des passions humaines, à l'expression de l'amour coupable ou jaloux, de l'amour que sa propre violence pousse au crime ; mais, dans ces limites, il ne redoute la comparaison avec aucun poète dramatique, non pas même avec le plus grand de tous, avec Shakespeare.

Non, Shakespeare lui-même n'a pas pénétré aussi finement, aussi profondément que Racine dans la connaissance et dans la peinture des cœurs en proie à la passion de l'amour. C'est, par excellence, la propriété de Racine ; et s'il est permis de trouver qu'il n'a pas montré une très large ouverture d'imagination et d'esprit en bornant presque à la puissance et aux effets de l'amour l'idée qu'il se faisait comme poète du mouvement de l'univers moral, au moins a-t-il fait preuve d'une vue juste et d'une main adroite ; car il est impossible d'exagérer l'influence de cette passion sur le cours des choses humaines, et c'est la seule qui, par la soudaineté de ses coups et la rapidité de sa marche convînt parfaitement au système de la tragédie classique.

Pourquoi donc Othello, pourquoi Roméo et Juliette sont-ils des créations plus glorieuses plus populaires, plus vivantes dans la mémoire des hommes que les diverses victimes de l'amour dont Racine a si précieusement enrichi le domaine de la poésie ? Ce n'est pas, encore une fois, que Shakespeare ait représenté cette grande passion avec plus de force et de vérité ; ce n'est pas non plus, bien que la remarque soit utile, parce que les peintures morales sont plus complètes dans son théâtre, le poète anglais ajoutant toujours à la passion qui fait de ses personnages des types les traits caractéristiques qui en font des individus. La vraie raison est plus simple et plus matérielle : si nous *voyons* Othello, si nous *imaginons* Roméo et Juliette, tandis qu'Hermione et Phèdre demeurent dans nos esprits à l'état d'idées pures, c'est tout bonnement parce que l'affreux possesseur de Desdemona est un Africain au sang de feu, aux membres athlétiques et à la peau bronzée; c'est parce que les deux amants de Vérone échangent leurs baisers d'adieu à la pointe du jour, entre la dernière chanson du rossignol et le premier cri de l'alouette, et parce qu'ils ont pour lit nuptial un tombeau.

Une particularité physique bien frappante, des circonstances heureusement choisies et disposées pour entourer les figures centrales d'un cadre poétique, voilà ce qui rend les créations des poètes toujours vives et présentes dans l'imagination des hommes ; ce n'est point l'exactitude ni même la richesse de la peinture morale [1]. Qu'y a-t-il de plus populaire que la Mignon de Gœthe, et qu'y a-t-il de plus insignifiant? Cette petite fille ne tient aucune place, ne joue aucun rôle dans le roman ; elle n'a ni individualité distincte, ni raison d'être, ni lien avec l'action ; c'est une figure purement épisodique. Mais quoi ! elle chante d'une voix si douce ! elle regrette « le pays où les citronniers fleurissent, où, dans la feuillée sombre, rougissent les oranges d'or. » Et puis elle a pour l'accompagner, pour faire

---

[1]. « Ce qui séduit le public dans un héros, ce ne sont pas ses qualités, c'est encore moins la vérité psychologique avec laquelle il est représenté ; ce sont les circonstances dans lesquelles il est placé, quand ces circonstances sont vraiment pathétiques et qu'il est orné de je ne sais quelle grâce de jeunesse et de malheur. » *Racine*, par M. Ernest Dugit. Grenoble, 1878.

opposition et tableau, un vieux joueur de harpe : il n'en faut pas davantage pour ériger Mignon en sujet de pendule, pour multiplier son image sur tous les murs des salons bourgeois. Racine nous fait l'honneur de nous traiter comme des esprits ; il nous offre un régal digne des intelligences célestes : son tort est d'avoir oublié que nous avons un corps aussi et que nous sommes des bêtes.

La conversion de Racine, c'est-à-dire son retour à la religion chrétienne crue et pratiquée avec dévotion, nous a fait perdre une *Alceste* une *Iphigénie en Tauride*, et qui sait combien d'autres ouvrages dramatiques dont *Phèdre* aurait été suivie ! Mais elle nous a valu le poème ravissant d'*Esther* et « cette prodigieuse *Athalie* (pour répéter les termes de Victor Hugo), si haute et si simplement sublime que le siècle royal ne l'a pu comprendre ».

Je dis que la conversion de Racine nous a valu *Esther* et *Athalie;* non qu'une foi et une piété ferventes fussent indispensables au poète pour concevoir et pour écrire des tragédies religieuses, mais parce que ses tragédies religieuses doivent à cette ferveur leur caractère profondément original et que, sans le zèle chrétien, elles ne seraient point ce qu'elles sont. *Athalie* n'est pas un chef-d'œuvre comme un autre ; c'est un miracle unique dans l'histoire de la littérature, produit par un concours de circonstances qui ne se sont rencontrées qu'une fois et ne se représenteront plus.

L'auteur de *Phèdre* avait atteint le point culminant de l'art dramatique : c'est de cette sommité que, contemplant sa carrière d'activité et de gloire, il se mit tout à coup à la prendre en horreur, l'appelant « un temps d'égarement et de misères ». Il eût voulu, dit-on, pouvoir anéantir ses tragédies profanes, et vraiment on n'a pas le droit de mettre en doute la sincérité d'un pareil vœu quand on voit Racine faire à Dieu le plus grand de tous les sacrifices pour un artiste soucieux de perfection, et brûler un exemplaire de ses œuvres corrigé de sa main pour une édition nouvelle !

Remarquons, en passant, que ce paradoxe d'un grand poète livrant sa poésie en holocauste est un spectacle poétique en soi, plein de je ne sais quelle tragique beauté et quelle grandeur étrange. La poésie, qui cesse d'exister sous la plume de Racine, éclate, dans cette crise de sa vie, en sa propre personne. Ce modèle classique de mesure et d'élégance se précipite dans des extrêmes qui font violemment ressortir l'excessive sensibilité de sa nature d'artiste. Il parle d'abord de se faire chartreux; il est vrai qu'il ne prit pas la robe du moine, mais il commit un autre suicide : il mortifia son imagination et son amour-propre d'auteur avec un mariage navrant; il épousa une femme si nulle qu'elle ne savait même pas les titres des pièces de théâtre que son mari avait pu écrire et ne s'en souciait point !

On peut détester et maudire cette exaltation mystique du poète comme une folie pernicieuse, comme un fanatisme meurtrier; mais de s'en moquer et d'en rire, vraiment il n'y a pas de quoi. Eschyle était plus fier d'avoir combattu pour son pays à Marathon que des douze victoires poétiques remportées par ses tragédies dans les concours, et le seul souvenir qu'il voulut consacrer dans son épitaphe fut celui de ses services militaires : Racine estimait davantage une heure donnée à Dieu et à la pénitence que toute sa gloire mondaine. Au fond, rien de plus juste et de mieux raisonné selon la logique chrétienne : c'est l'A B C de la foi, car il n'y a point de proportion entre le temps et l'éternité, entre la gloire terrestre du nom et le salut de l'âme immortelle. L'exagération de Racine consistait à repousser sur ce point tout compromis, à renoncer absolument au théâtre comme s'il n'avait pas pu écrire des pièces édifiantes tirées de la Bible ou de la vie des martyrs et des saints à l'exemple de Corneille, de Rotrou, de Garnier et, avant eux, de ces vieux auteurs de *Mystères* qui faisaient de la scène dramatique une continuation des cérémonies de l'autel et des prédications de la chaire. Mais les consciences sont plus ou moins sévères et n'ont pas les mêmes exigences : celle de Racine pouvait lui commander un sacrifice complet, qui ne l'eût point été s'il avait fait la moindre réserve où sa vanité de poète aurait trouvé son compte. Le théâtre est, d'ailleurs, en lui-même, quelle que soit la pièce représentée, un objet de scandale pour bien des chrétiens, et nous savons que Racine demeura inébranlable dans son refus de donner ses tragédies d'*Esther* et d'*Athalie* aux comédiens, qui lui en offraient une somme considérable.

Il fallut, pour lui faire rompre son long vœu d'abstinence et renouer commerce avec la Muse, qu'un ordre venu de haut lui demandât une composition dramatique appropriée aux convenances d'une maison d'éducation et de piété.

Et alors nous avons ce phénomène unique dans l'histoire de la poésie : un artiste consommé, tel qu'on n'en voit paraître qu'après des siècles de civilisation et de raffinement, faisant avec simplicité de cœur, dans un esprit d'obéissance et de foi, une œuvre de génie qui est aussi une œuvre d'ingénuité, comme en cet âge d'or où la poésie était naïve. Figurez-vous Gœthe se réveillant un matin dans les doux et sincères transports d'une véritable extase religieuse et chantant les louanges du Seigneur sur la harpe de David : tel m'apparaît Racine écrivant *Esther* et *Athalie*. Il prie, et Dieu l'inspire. Le ravissement prophétique de Joad, c'est lui-même qui l'éprouve dans le plus intime de son âme :

Mais d'où vient que mon cœur frémit d'un saint effroi ?
Est-ce l'Esprit divin qui s'empare de moi ?
C'est lui-même. Il m'échauffe. Il parle. Mes yeux s'ouvrent,
Et les siècles obscurs devant moi se découvrent...
Cieux, écoutez ma voix ; Terre, prête l'oreille...

Les couleurs de la Bible sont reproduites avec plus d'éclat dans les vers lyriques de Victor Hugo ; mais c'est parce que Victor Hugo faisait œuvre de poète et de peintre. Racine fait œuvre de chrétien ; il sent, il croit, et la parole suit, parole moins éblouissante, mais plus émue, magnifique aussi à sa manière et d'une magnificence plus grave dans sa simplicité.

L'élément lyrique se mêle à l'élément dramatique dans les deux derniers ouvrages du grand poète d'une façon non moins intime que dans les chefs-d'œuvre de la tragédie grecque ; c'est, comme le dit Mme de Sévigné. « un rapport de la musique, des vers, des chants, des personnes, si parfait et si complet qu'on n'y souhaite rien ». Pourquoi Victor Hugo appelle-t-il *Athalie* une épopée ? C'est un drame, drame sublime dont le grand acteur, à la fois invisible et éclatant, est la Divinité, comme dans la haute tragédie antique.

L'Évangile nous enseigne qu'il faut se faire humble et petit pour entrer dans le royaume des cieux : c'est en redevenant enfant et en mettant sa plume au service de l'enfance que Racine s'est élevé à cette sublimité. « Il me sembla que, sans altérer aucune des circonstances tant soit peu considérables de l'Écriture sainte, ce qui serait, à mon avis, une espèce de sacrilège, je pourrais remplir toute mon action avec les seules scènes que Dieu lui-même, pour ainsi dire, a préparées. J'entrepris donc la chose et je m'aperçus qu'en travaillant sur le plan qu'on m'avait donné, j'exécutais en quelque sorte un dessein qui m'avait souvent passé dans l'esprit, qui était de lier, comme dans les anciennes tragédies grecques, le chœur et le chant avec l'action et d'employer à chanter les louanges du vrai Dieu cette partie du chœur que les païens employaient à chanter les louanges de leurs fausses divinités. »

Voilà le style de Racine dans ses préfaces : voilà l'homme que ce style révèle.

Il y aurait ici un bien mauvais tour à jouer à Victor Hugo : ce serait de donner, en guise de contraste, quelques échantillons des préfaces de ses ouvrages, et de montrer les réclames et *industries* diverses, au moyen desquelles ce grand *auteur*, dont on ne dira jamais qu'on est tout étonné et ravi en le lisant de trouver un homme à sa place[1], est parvenu soit à faire retentir bruyamment sa gloire, soit à introduire dans l'histoire de sa vie une factice et trompeuse unité.

Il est sans doute intéressant, instructif et utile de connaître les faiblesses morales du génie ; mais c'est une sorte d'étude où les instincts mauvais de

---

1. « Quand on voit le style naturel, on est tout étonné et ravi ; car on s'attendait de voir un auteur, et on trouve un homme. » Pascal.

la nature humaine trouvent trop de quoi se satisfaire, où la critique devient trop aisément complice de l'éternelle paresse qui nous incline aux jugements absolus, pour ne pas éveiller d'avance une suspicion légitime. Ayez un jugement assez ferme pour séparer toujours le génie du caractère, un sens littéraire assez vif pour qu'au milieu des défaillances de l'homme votre admiration subsiste intacte pour l'œuvre : vous pourrez réussir alors comme a réussi Macaulay dans son admirable *Essai* sur Bacon. Malheureusement, la plupart des biographies sont des panégyriques ou des réquisitoires, attestant, les uns comme les autres, l'incapacité commune aux hommes ordinaires d'admettre et de comprendre les contrastes criants dont les grands hommes nous donnent presque tous le spectacle.

Victor Hugo était le moins modeste des poètes. L'orgueil l'a rendu parfois oublieux d'anciens amis, quand ils étaient demeurés obscurs, ou ingrat et injuste à leur égard, quand leur renommée menaçait de porter ombrage à la sienne; la vanité (chose étrange et bien inattendue) a fait qu'il s'est cherché des ancêtres plus ou moins nobles, au lieu de la brave roture ouvrière dont il était issu. Impatient de forcer les portes

3.

de la gloire, il a employé, lui, le grand poète, des artifices de gros marchand et inventé pour ses ouvrages d'invraisemblables chiffres d'éditions imaginaires. Son encombrante personnalité lui a fait en toute chose réclamer la part du lion, jusqu'à prendre même la brebis du pauvre, des vers et de la prose qui ne sont point de lui et qui n'ajoutent rien à ses richesses immenses! Sa mémoire et son imagination de poète l'ont maintes fois trompé plus innocemment, mais toujours au profit de son orgueil et de son égoïsme, et il a soigneusement entretenu les légendes qui le consacraient grand homme dès l'enfance. Enfin, il a composé des pièces apocryphes destinées à donner le change sur la véritable époque du changement de sa foi politique et religieuse; il a, dans le même dessein, tronqué ou antidaté ses propres écrits, et il a eu l'aplomb de soutenir qu'il n'y avait *absolument rien changé*, voulant offrir une « base sincère d'études à ceux qui seraient peut-être curieux de suivre le développement de son esprit » [1].

Assurément, cela est mal. Mais, selon la morale du monde, il n'y a rien dans les faits relevés à

---

1. Voy. pour le détail et les preuves à l'appui de ces accu-

la charge de Victor Hugo qui porte une atteinte sérieuse à l'honneur. Les mensonges de Voltaire sont bien autrement impudents ; le plus grand homme de lettres du xviiie siècle manquait de vulgaire honnêteté jusqu'à la coquinerie, de dignité personnelle jusqu'à la bassesse. Bacon fut criminel, et cet illustre bienfaiteur de l'humanité fait cruellement souffrir ses admirateurs, selon l'expression de Macaulay, « par le spectacle bigarré de tant de gloire unie à tant d'opprobre ».

Est-on bien sûr d'ailleurs que, dans une comparaison de la vie morale de Victor Hugo avec celle du pieux et *tendre* Racine, l'avantage, en définitive, restât à celui-ci ?

Il y a deux époques à distinguer dans la vie de Racine : avant sa conversion, et après. Avant, son amour-propre irrité l'emporte à de coupables représailles ; il lance contre ses anciens maîtres des traits mordants, envenimés ; il perd le respect même envers les morts et, selon l'expression d'Arnauld révolté, il *déchire* la Mère Angélique ! Il ne craint pas d'attrister la vieillesse du grand Corneille par une rébellion ouverte contre sa glorieuse suprématie et par

---

sations diverses, le curieux livre de M. Edmond Biré : *Victor Hugo avant* 1830.

les allusions les plus blessantes. Il agit avec une perfide et noire ingratitude à l'égard de Molière, dont il avait reçu des encouragements et des bienfaits. Après sa conversion, Racine nous donne l'attristant spectacle d'une âme encore partagée entre l'amour de Dieu et l'amour du roi ; le culte monarchique fait partie de la religion elle-même dans sa conscience faussée, et, le jour où Louis XIV lui commande un opéra de *Phaéton*. il se met au travail par pieuse obéissance, comme pour composer *Esther!* Il écrirait ces misérables « vers d'amourette », si Boileau, son bon génie. n'était pas là pour l'en empêcher, Boileau, l'ami fidèle et droit. le solide point d'appui du grand poète contre les excès, les emportements, les faiblesses de son âme d'enfant.

Racine a flatté Louis XIV ; Victor Hugo a flatté la foule. « Ce sont deux puissants dieux », et je ne cherche point de quel côté est la pire idolâtrie. Il est bon de connaître ces misères humaines de nos grands génies ; mais il est meilleur de les oublier. pour relire avec un plaisir sans mélange *Phèdre* et *Athalie*, *les Feuilles d'automne* et *la Légende des siècles*.

II

LA POESIE ET LA RAISON

DANS LE THÉATRE DE RACINE ET AU SIÈCLE DE LOUIS XIV

II

LA POÉSIE ET LA RAISON

DANS LE THÉATRE DE RACINE ET AU SIÈCLE DE LOUIS XIV

Aujourd'hui, la littérature du xvie siècle a pris pour nous, dans son ensemble, un aspect *poétique*, même chez les prosateurs, surtout peut-être chez les prosateurs ; car la prose de Montaigne et de Rabelais offre à nos imaginations une fête encore plus brillante que les vers de tous les écrivains de la Pléiade. Cet éclat poétique des lettres au siècle de la Réforme et de la Renaissance est devenu, avec le temps, visible à tous les yeux ; aucun homme cultivé de la génération présente n'a besoin qu'on le lui fasse remarquer et sentir. Le renouvellement des idées et des formes dans tous les domaines de l'activité intellectuelle, l'ardeur de destruction et de reconstruction, l'originalité hardie des initiateurs, l'agitation féconde des esprits, l'inquiétude même et l'instabilité de la pensée; enfin le libre jeu des forces, des physionomies individuelles, favorisé par l'absence d'une règle fixe et d'une autorité souveraine : tout concourt à donner au style littéraire de ce dramatique xvi° siècle les qualités supérieures de verve, d'énergie, de couleur et de richesse, gâtées çà et là par un peu trop de recherche ou d'exubérance, dont se compose essentiellement ce que le goût public aime aujourd'hui et désigne sous le nom de *poésie.*

Notre époque, d'ailleurs, ne borne pas là ses sympathies.

Elle consent à reconnaître chez les grands écrivains du règne de Louis XIII et de la minorité de Louis XIV les mêmes qualités poétiques, quoique sensiblement diminuées déjà par l'influence de plus en plus subie des doctrines appauvrissantes de Malherbe; mais, à tout prendre, dans la première moitié du xvii° siècle, les esprits sont encore indépendants ou veulent l'être : ils frémissent, impatients du joug qui, dans l'ordre littéraire comme dans l'ordre politique, commence à peser sur eux ; fréquemment ils se révoltent, et si le duel de la noblesse et de l'État, si les troubles de la Fronde n'offrent plus la grandeur tragique des luttes du siècle précédent, ils prolongent du moins et continuent à leur manière ce mouvement dramatique des choses humaines dont le contre-coup dans la littérature charme poétiquement l'imagination.

Une œuvre jeune, fière, héroïque, enflammée, « transportante, » comme *le Cid*. a, par ses défauts mêmes ou plutôt ses excès, un caractère poétique au plus haut point et que jamais personne n'a songé à contester. Dans une tout autre sphère, aussi loin des influences littéraires que des influences politiques, Pascal, isolé désormais du monde qu'il n'a fait que traverser, malade dans son corps et dans son âme, trace d'une main fiévreuse sur de petits morceaux de papier, sans ordre, sans suite et comme au hasard de l'inspiration, ces notes inachevées et sublimes où le XIXe siècle admire volontiers les plus magnifiques fragments de la poésie du XVIIe :

« Nous avons beau enfler nos conceptions au delà des espaces imaginables : nous n'enfantons que des atomes au prix de la réalité des choses. C'est une sphère infinie dont le centre est partout, la circonférence nulle part... Je vois ces effroyables espaces de l'univers qui m'enferment, et je me trouve attaché à un coin de cette vaste étendue, sans que je sache pourquoi je suis plutôt placé en ce lieu qu'en un autre, ni pourquoi ce peu de temps qui m'est donné à vivre m'est assigné à ce point plutôt qu'à un autre de toute l'éternité qui m'a précédé et de toute celle qui me suit. Je ne vois que des infinités de toutes parts, qui m'enferment comme un atome, et comme une ombre qui ne dure qu'un instant sans retour... Comme je ne sais d'où je viens, aussi je ne sais où je vais... Le silence éternel de ces espaces infinis m'effraie... »

L'homme qui a écrit ces lignes est à nos yeux le grand poète, ou, comme quelqu'un[1] l'a dit, « le grand romantique du xviie siècle. »

Quant au siècle proprement dit de Louis XIV, *le grand siècle*, comme on l'appelait autrefois, mais comme Michelet ne voulait plus le nommer, l'imagination des Français de nos jours, généralement assez froide pour l'espèce de beauté qui le caractérise, ne retrouve qu'à peine dans un petit nombre d'écrivains et d'ouvrages de cette époque l'idée particulière qu'elle se fait de la poésie.

Dans La Fontaine, par exemple, nous reconnaissons unanimement un poète à cause du

---

1. M. Emile Krantz, dans l'ouvrage dont il va être question

sentiment sincère qu'il fait voir des choses de la nature, à cause aussi, pour ne pas dire à cause surtout, de son air inconscient et rêveur, de ses distractions légendaires et de cette faible possession de lui-même qui laissait dans la conduite de sa vie si peu d'empire à la raison. Don Juan ou *le Festin de Pierre*, qu'on croyait devoir refaire autrefois pour le rendre digne de la scène, plaît aujourd'hui par son irrégularité même à ce qui peut rester de jeunes romantiques sous la bannière du vieil Hugo [1]. Nous avons, d'ailleurs, pour admirer le génie poétique de Molière, des motifs moins superficiels que la violation des unités, les changements subits de décors et l'apparition fantastique d'une statue marchante et parlante. La franchise et la variété de son style dramatique ; son indépendance relative, au siècle de la règle et de l'autorité ; la vie intense de quelques-unes de ses créations, naturellement plus concrètes que les figures de la tragédie classique ; enfin la tragique contradiction de sa vie et de ses œuvres, de son amour conjugal cruellement trompé et de l'éclat de rire de *Georges Dandin*, de sa propre maladie trop douloureuse et trop réelle et de la gaieté folle du *Malade ima-*

1. Ecrit en 1883.

ginaire : tout cela contribue à rendre ce grand homme poétiquement intéressant aux yeux de nos contemporains. A l'autre extrémité de la littérature, Bossuet, lui aussi, ne laisse pas de séduire assez puissamment l'imagination des hommes de notre âge par les brusques familiarités de son éloquence, par un certain réalisme quelquefois très coloré et très osé, par ses métaphores et ses comparaisons insolites, bref, par tout ce que la sévérité ou la timidité de l'ancien goût classique trouvait précisément à reprendre et à critiquer dans sa forme. Le goût nouveau estime que ce grand orateur a des parties d'un grand poète.

Voilà les réserves qui étaient à faire ; mais ces quelques exceptions, moins entières d'ailleurs que partielles, une fois reconnues, la littérature du siècle de Louis XIV, il faut bien l'avouer, n'exerce pas sur l'imagination du nôtre un charme proprement *poétique*. L'éloquence, l'ordre, la mesure, la clarté, la logique, la raison oratoire : telles sont les qualités que nous lui reconnaissons au degré suprême, et ces qualités-là n'ont rien de commun avec la part de caprice et d'aventure, avec le je ne sais quoi d'imprévu, de soudain, d'abandonné, d'inspiré et de plus ou moins mystérieux qui nous semble inséparable aujourd'hui de l'idée de *poésie*.

La critique contemporaine a fait une dépense extraordinaire d'esprit et de talent pour généraliser dans le public instruit cette façon de sentir, et elle a effectivement réussi à nous donner l'impression la plus vive et la plus forte de cet empire de la « raison oratoire » sur tout le siècle de Louis XIV.

M. Taine, au premier rang, d'abord dans un piquant et solide article sur Racine, inséré au tome II de ses *Essais de critique et d'histoire*; puis, incidemment, dans sa belle *Histoire de la littérature anglaise* et dans beaucoup d'autres de ses écrits; enfin, dans son grand ouvrage sur *les Origines de la France contemporaine*, M. Taine a supérieurement parlé de cette poésie classique qui, « n'étant qu'une branche de l'éloquence », et procédant avec méthode comme la philosophie, compose d'admirables discours, suit jusqu'au bout et sans omettre un seul anneau de la chaîne la série logique de ses déductions, met sa gloire à être raisonnable, n'admet la passion que disciplinée, soumise à la volonté ou à l'intelligence, fait enfin paraître sur la scène des types abstraits et généraux, des êtres de raison. pour disserter. non pour agir, et n'a pas créé un seul individu réel et vivant. Jamais au xviie siècle, écrit M. Taine. sauf dans les *Pensées de Pascal*, « on n'entend le cri involontaire de la sensation vive. la confidence solitaire de l'âme trop pleine qui ne parle que pour se décharger et s'épancher, » et Racine, en particulier, est, aux yeux du grand critique français, beaucoup plutôt écrivain et orateur que poète.

En 1882, dans une thèse du plus rare mérite. présentée à la Faculté des lettres de Paris [1], un jeune écrivain qui, pour son coup d'essai, a fait un coup de maître, M. Émile Krantz, montrait. comme personne ne l'avait fait encore, l'influence de la philosophie de Descartes sur la littérature française du xviie siècle. Ce n'était pas la première fois que la critique développait ce thème, devenu presque un lieu commun, des rapports de la doctrine cartésienne avec l'art et l'esprit classique ; mais elle s'était jusqu'alors contentée d'affirmer ces rapports en termes plus ou moins vagues et généraux. L'originalité de

---

1 *Essai sur l'Esthétique de Descartes étudiée dans les rapports de la doctrine cartésienne avec la littérature classique française au xviie siècle.*

la thèse de M. Krantz consiste dans l'abondance et la précision des arguments, dont plusieurs sont nouveaux, et qui tous portent la marque personnelle d'un esprit singulièrement libre, ingénieux et pénétrant. L'auteur a pour les idées médiocres et banales un éloignement qui lui fait honneur, mais qui le rend un peu faible contre les séductions du paradoxe, et il a sans doute exagéré l'action directe du *Discours de la méthode* sur les grands écrivains du règne de Louis XIV. Là où il prétend découvrir un rapport de cause à effet, il semble beaucoup plus juste de voir tout simplement deux effets successifs d'une cause antérieure et supérieure qu'on appellera, si l'on veut, l'esprit général du siècle. Mais peu importe, après tout ; ce qui est intéressant et instructif, ce n'est pas de définir l'espèce de relation qui unit ou qui subordonne à Descartes les poètes classiques de la France, c'est de connaître cette relation même ; Boileau d'ailleurs allait bien autrement loin que M. Krantz, s'il est vrai, comme l'affirme J.-B. Rousseau, qu'on l'entendait souvent répéter sur ses vieux jours que « la philosophie de Descartes avait coupé la gorge à la poésie. »

1

LOGIQUE DE L'ART CLASSIQUE

Descartes est le père du rationalisme moderne, c'est-à dire de la philosophie qui fonde tout l'édifice de ses doctrines sur la raison seule excluant ou tenant sous un contrôle sévère comme autant de puissances trompeuses ou suspectes, l'imagination, les sens et les facultés affectives de l'âme. Il a proclamé la nécessité de l'ordre avec une autorité qui fait de son nom le symbole même de la régularité méthodique.

Ouvrez l'*Art poétique* de Boileau : est-ce un traité de poésie ou un traité de logique que ce nouveau discours de la méthode dont tous les préceptes se réduisent à l'observation des règles de la raison, nommée et louée à chaque page, où la sensibilité, l'émotion du cœur n'est mentionnée qu'une ou deux fois à peine en passant et où la fantaisie n'a absolument aucune place ?

> Que toujours le *bon sens* s'accorde avec la rime...
> Aimez donc la *raison*, que toujours vos écrits
> Empruntent d'*elle seule* et leur lustre et leur prix...
> Il faut, même en chansons, du *bon sens* et de l'art .
> Mais la scène demande une exacte *raison*...
> Que l'action marchant où la *raison* la guide
> Ne se perde jamais dans une scène vide...
> Au dépens du *bon sens* gardez de plaisanter...
> J'aime sur le théâtre un agreable auteur
> Qui, sans se diffamer aux yeux du spectateur,
> Plaît par la *raison seule* et jamais ne la choque.

Le sang-froid, la patience, l'exactitude, le bon sens, la justesse d'esprit, telles sont les qualités exigées d'abord, exigées presque uniquement de qui veut entreprendre œuvre de poésie. Commentant le début de l'*Art poétique*, M. Krantz dit très bien :

« Boileau n'admet pas que le génie s'ignore lui-même au départ et qu'il aille devant lui, poussé par le souffle hasardeux de ce qu'on appelle l'inspiration, découvrant à mesure qu'il avance des horizons inattendus et réalisant, par une sorte d'entraînement inconscient et de vitesse acquise incalculée, plus qu'il n'avait espéré et conçu. Pour lui, point de révélation soudaine au courant de l'œuvre ; point de hasard heureux traversant le plan, modifiant la marche et faisant mieux que la volonté ; point de dieu intérieur qui trouble les facultés clairvoyantes, et substitue d'instinct à leur méthodique sagesse les accès féconds de ce mystérieux et surnaturel délire que les anciens faisaient descendre d'une source céleste. Le poète n'est qu'une cause intelligente qui prend conscience de soi pour prévoir et mesurer tous ses effets. »

La scène, a dit Boileau, « demande une exacte raison. » C'est surtout dans le théâtre classique que la raison triomphe, et que l'opération de l'intelligence qui ordonne est curieuse à étudier. Dans son discours pour la réception de Thomas Corneille à l'Académie française, Racine, ayant à faire l'éloge du grand Corneille, s'exprimait ainsi :

« Vous, Monsieur, qui non seulement étiez son frère, mais qui avez couru longtemps une même carrière avec lui; vous savez les obligations que lui a notre poésie; vous savez en quel état se trouvait la scène française lorsqu'il commença à travailler. Quel désordre ! quelle irrégularité !... la plupart des sujets extravagants et dénués de vraisemblance. Dans cette enfance, ou, pour mieux dire, dans ce chaos du poème dramatique, votre illustre frère fit *voir sur la scène la raison...* »

Ainsi parlait Racine considérant en 1685 au

lendemain de la mort de Corneille, la partie glorieuse et solide de l'œuvre du grand homme. Mais, quinze ans auparavant, dans la préface de son *Britannicus*, le même Racine, faisant à l'*Attila* de Corneille une allusion très claire et très désobligeante, avait raillé avec amertume les poètes qui « s'écartent du naturel pour se jeter dans l'extraordinaire, » et qui, « pour amuser la fantaisie déraisonnable du public, imaginent par exemple de mettre sur la scène un *héros ivre* qui, *de gaieté de cœur*, veut se faire haïr de sa maîtresse. »

De gaieté de cœur : l'expression est significative et veut dire *sans raison*, par un caprice d'humeur subit, injustifiable, que rien n'a préparé et qui ne sert à rien[1]. Le véritable art classique ne procède jamais de gaieté de cœur; il motive tout, explique tout, enchaîne tout, avec une suite, une rigueur logique qui a permis de comparer à des syllogismes les tragédies de Racine ; et, observant en toute circonstance

---

[1]. « Il faut. . à plus haut sens interpréter ce que par adventure cuidiez dit *en gaiete de cœur*. »
   Rabelais, I, prologue.
« Un antique gentilhomme romain, nommé L. Neratius... rencontrant par les rues quelques mignons braguars... sans d'iceux estre aucunement offensé, *par gayete de cœur* leur donnoit de grands coups de poing en face. » *Id*, IV., 16.

l'exacte raison que prescrit Boileau, il l'introduit au sein même et jusque dans le paroxysme de la passion. Hermione raisonne sa fureur. Phèdre a clairement conscience de son délire ; elle l'analyse, elle le définit ; au milieu de ses transports les plus violents, sa lucidité ne l'abandonne pas : elle conserve cette *possession intellectuelle d'elle-même*, si l'on peut ainsi dire, qui, dans la défaillance des forces morales et de la volonté, se connaît, se juge et se condamne.

« Un esprit médiocre, a dit la Bruyère, croit écrire divinement ; un bon esprit croit écrire *raisonnablement*. » Chaque siècle a ainsi son terme favori dont il use et abuse et qui traduit sa préoccupation dominante. Au dix-huitième siècle, c'était le mot *sensibilité;* au nôtre, c'est évidemment le mot *science;* au dix-septième c'était le mot *raison*. On a beau le savoir, on ne peut, si averti qu'on soit, se défendre d'un mouvement de vive surprise quand on rencontre dans la préface de la tragédie de *Phèdre* une expression aussi paradoxale, aussi étrangère aux habitudes et au tour actuel de notre pensée, que celle-ci : « Quand je ne devrais à Euripide écrit Racine, que la seule idée du caractère de Phèdre, je pourrais dire que je lui dois ce que j'ai peut-être mis *de plus raisonnable* sur le théâtre. »

Raisonnable! le personnage de Phèdre! elle, la proie de Vénus! le type de la passion dans ce qu'elle a de plus déréglé, de plus abandonné! elle qui répond avec épouvante à l'offre qu'on lui fait de prendre en main les rênes de l'État :

> Moi regner! moi ranger un État sous ma loi,
> Quand ma faible raison ne règne plus sur moi!

Mais une femme qui sait si bien et qui dit si bien que sa raison ne règne plus sur elle, est encore non seulement raisonnante, mais raisonnable; et ce qui est raisonnable en premier lieu, c'est la pièce elle-même, où tout suit un progrès nécessaire et prévu. La logique brille dans la structure des tragédies de Racine d'abord; mais elle habite aussi et demeure dans la bouche de ses personnages, que la passion n'emporte jamais jusqu'à les empêcher de voir clair dans leur âme et de déduire logiquement tous les motifs de leur conduite.

« Le déraisonnable lui-même a aussi sa raison sur un théâtre aussi philosophique que le théâtre classique, et c'est cette *raison*, qui explique tout, que Racine oppose à la *gaieté de cœur* de Corneille, qui n'explique rien. »

M. Krantz fait un rapprochement très piquant et très neuf entre l'amour tel que Racine le met sur la scène dans la personne de ses héroïnes et tel que Pascal le définit dans son *Discours sur les passions de l'amour.*

Ce curieux opuscule de Pascal, découvert et publié par M. Cousin, procède d'une inspiration bien différente de celle qui, plus tard, a produit les *Pensées;* c'est un ouvrage de jeunesse, appartenant aux années mondaines de la vie de Pascal et reflétant seul quelque chose de ce rationalisme cartésien dont il devait si absolument rejeter l'influence, un instant subie. Pascal, à ce moment, jouit de la santé de l'âme et du corps, il trouve que la vie est bonne, il a foi dans la raison humaine, et il goûte, non en voluptueux, mais en sage, le double plaisir d'aimer et de penser, d'éprouver une passion très tendre et très vive, et de conserver néanmoins toute la liberté de son esprit. Non seulement il la conserve, mais (c'est là l'idée très originale du *Discours sur les passions de l'amour*), l'activité de l'intelligence, selon notre philosophe, est toujours *proportionnelle* à l'intensité du sentiment.

« L'homme est né pour penser », commence-t-il par dire en vrai disciple de Descartes; mais les pensées pures le fatiguent; il est nécessaire pour son bonheur « qu'il soit quelquefois agité des passions, dont il sent dans son cœur des sources si vives et si profondes. » Avec l'ambition, ou plutôt avant l'ambition, la passion qui convient le mieux à l'homme, c'est l'amour. « Qu'une vie est heureuse, s'écrie le jeune Pascal, quand elle commence par l'amour et qu'elle finit par l'ambition! Si j'avais à en choisir une, je prendrais celle-là. » On ne peut pas être amoureux et ambitieux à la fois; ou bien alors, admirez cette précision toute géométrique, on n'est l'un et l'autre *qu'à demi :*

« Quelque étendue d'esprit que l'on ait, on n'est capable que d'une grande passion; c'est pourquoi quand l'amour et l'ambition se rencontrent ensemble, elles ne sont grandes que de la moitié de ce qu'elles seraient s'il n'y avait que l'une ou l'autre... L'ambition peut accompagner le commencement de l'amour, mais en peu de temps il devient le maître. C'est un tyran qui ne souffre point de compagnon; il veut être seul; il faut que toutes les passions ploient et lui obéissent. »

La nature nous commande d'aimer, continue Pascal; et, identifiant la nature avec la raison par une assimilation toute païenne qui est fort surprenante sous la plume du grand ascète jansséniste, il ose avancer des propositions comme celles-ci : « L'homme est né pour le plaisir : il le sent, il n'en faut point d'autre preuve. Il suit donc sa raison en se donnant au plaisir. » Mais comment concilier deux maximes aussi contradictoires en apparence : « L'homme est né pour penser. — L'homme est né pour le plaisir? » L'idée très particulière et très haute que Pascal se fait de l'amour résout l'apparente contradiction :

« L'amour ne consiste que dans un attachement de pensée... A mesure qu'on a plus d'esprit, les passions sont plus grandes, parce que les passions n'étant que des sentiments et des pensées qui appartiennent purement à l'esprit, quoiqu'elles soient occasionnées par le corps (c'est la doctrine soutenue par Descartes dans son traité des *Passions de l'âme*), il est visible qu'elles ne sont plus que l'esprit même, et qu'ainsi elles remplissent toute sa capacité. »

L'amour se confondant avec la pensée, le plaisir d'aimer et le plaisir de penser deviennent la même chose, et dès lors on comprend comment Pascal a pu successivement écrire que l'homme est né pour penser et qu'il est né pour le plaisir et pour la passion. La sagesse des nations regarde la raison et l'amour comme deux choses naturellement ennemies ; il y a un antique proverbe qui dit : *amare et sapere vix deo conceditur,* il est impossible aux dieux mêmes d'être amoureux et sensés à la fois. La doctrine de Pascal est toute contraire :

« On a ôté mal à propos le nom de raison à l'amour, et on les a opposés sans un bon fondement, car l'amour et la raison n'est qu'une même chose. C'est une précipitation de pensées qui se porte d'un côté sans bien examiner tout, mais *c'est toujours une raison*, et l'on ne doit et on ne peut pas souhaiter que ce soit autrement, car nous serions des machines très désagréables ; n'excluons donc point la raison de l'amour, puisqu'elle en est inséparable. Les poètes ont eu tort de nous dépeindre l'amour comme un aveugle ; il faut lui ôter son bandeau, et lui rendre désormais la jouissance de ses yeux. »

Telles sont les idées les plus originales de la théorie de l'amour que Pascal exposait à l'âge de vingt-six ou vingt-sept ans, vers l'année 1652 ou 1653, durant la courte période où sa vie fut mondaine, et sa philosophie rationaliste et cartésienne.

Entre cette théorie et la pratique de Racine

il y a des analogies très curieuses. Rappelons tout d'abord le grand et souverain rôle de l'amour dans la pure tragédie classique, rôle conforme d'une part à l'observation si juste de Pascal : « l'amour est un tyran, il veut être seul, » contraire d'autre part à la tendance de Corneille, qui réduisait l'amour à la galanterie, prétendant en faire l'ornement et non l'âme de ses pièces; mais ce qu'il faut surtout remarquer chez les héroïnes de Racine. ces types accomplis de l'amour tragique, c'est le caractère tout *intellectuel* d'une passion qui redouble d'esprit de finesse et de clairvoyance dans la proportion même où elle devient plus furieuse et plus emportée. Non seulement chez Bérénice ou Monime, mais chez Hermione et Phèdre, les deux femmes amoureuses les plus passionnées qui soient au théâtre, l'amour reste intimement uni à l'intelligence; toujours capable de raisonner, sinon de se conduire, il est *sans bandeau*, comme s'exprime Pascal.

Prenons pour exemple une de ces âmes exaltées par l'amour, au point culminant de son rôle à l'endroit que tout le monde cite comme l'expression parfaite et le *non plus ultra* de la déraison passionnée. Hermione. amoureuse de Pyrrhus, qui aime Andromaque et qui l'épouse, jure de le faire périr et charge de sa vengeance le malheureux Oreste, de qui elle est aimée :

Je veux qu'à mon depart toute l'Epire pleure.
Mais si vous me vengez, vengez-moi dans une heure.
Tous vos retardements sont pour moi des refus.
Courez au temple. Il faut immoler...
      — Qui?
       — Pyrrhus.
. . . .
Revenez tout couvert du sang de l'infidèle.
Allez : en cet état soyez sûr de mon cœur.

Oreste, non sans de terribles combats intérieurs, obéit à un ordre si formel et vient rendre compte à Hermione de son exécution :

. . . .
Vous seule avez poussé les coups...
      — Tais-toi, perfide,
Et n'impute qu'à toi ton lâche parricide.
Va faire chez tes Grecs admirer ta fureur :
Va, je la désavoue, et tu me fais horreur.
Barbare, qu'as-tu fait? Avec quelle furie
As-tu tranché le cours d'une si belle vie?
Avez-vous pu, cruels, l'immoler aujourd'hui,
Sans que tout votre sang se soulevât pour lui?
Mais parle : de son sort qui t'a rendu l'arbitre?
Pourquoi l'assassiner? qu'a-t-il fait? à quel titre?
Qui te l'a dit?

A cette incroyable question, les bras tombent à Oreste de stupéfaction et de douleur :

> O dieux ! Quoi ? ne m'avez-vous pas
> Vous-même, ici, tantôt, ordonné son trépas ?

Incontestablement ; mais si Oreste avait été mieux éclairé par le sentiment même de l'amour dont Hermione possède à fond les secrets, il aurait deviné que « les malédictions de cette femme et ses cris de vengeance n'étaient encore qu'une forme de son invincible passion pour Pyrrhus. » Elle le lui fait durement comprendre et « le reproche amer dont elle l'accable n'est autre que l'expression de son mépris pour un homme sans clairvoyance, un faible psychologue qui n'a pas su la connaître comme elle se connaissait elle-même » :

> Ah ! fallait-il en croire une amante insensée !
> Ne devais-tu pas lire au fond de ma pensée ?
> Et ne voyais-tu pas dans mes emportements
> Que mon cœur démentait ma bouche à tous moments[1] ?

---

1. Hermione pouvait se croire d'autant plus en droit de compter sur la pénétration psychologique d'Oreste que, dans un précédent entretien, celui-ci avait montré qu'il voyait clair dans l'âme de l'amante de Pyrrhus :

> Et vous le haïssez ? avouez-le, Madame,
> L'amour n'est pas un feu qu'on renferme en une âme
> Tout nous trahit, la voix, le silence, les yeux,
> Et les feux mal couverts n'en éclatent que mieux.

Oreste est dupe d'Hermione parce qu'il ne possède pas sa riche expérience féminine de l'amour. Pour nous, qui avons entendu les monologues d'Hermione et ses entretiens avec sa confidente, nous ne saurions douter de la connaissance profonde qu'elle a de son propre cœur et du cœur humain. Quelle clarté, quelle finesse dans ses analyses psychologiques ! Sa passion furieuse s'est précipitée dans une impasse où elle n'a plus devant elle d'autre issue que la folie ou la mort; et cependant, même en cette extrémité, elle n'est pas un seul instant inconsciente et aveugle.

Les femmes du théâtre de Racine nous offrent la représentation dramatique la plus parfaite de la passion intelligente d'elle-même. d'autant plus intelligente qu'elle est plus vive et plus exaltée. Elles confirment la loi de Pascal : « l'amour qu'on ressent est proportionnel à l'esprit qu'on a, » et par le caractère spiritualiste et rationnel, par la clarté logique, par le bel ordre déductif de leurs analyses morales et de leurs discours. elles attestent une fois de plus l'influence de la philosophie de Descartes sur la littérature du siècle de Louis XIV, ou au moins leur étroite corrélation.

II

RATIONALISME DE L'ART CLASSIQUE

Une des principales règles posées par Descartes dans son *Discours de la méthode*, c'est de ne recevoir pour vrai que ce qui se présente à l'esprit avec un caractère d'évidence.

Sur ce point encore, l'esthétique du siècle de Louis XIV semble toute inspirée et pénétrée de la logique cartésienne. La grande doctrine poétique de l'époque, c'est l'identité du beau et du vrai. « Rien n'est beau que le vrai », déclare *le législateur du Parnasse*. De même que la vérité a un criterium, qui est l'évidence, ainsi la beauté a un criterium tout pareil, qui est la clarté. Aux yeux de Boileau, le beau se reconnaît à ce signe qu'il est raisonnable et clair. La clarté et ses équivalents ne sont pas moins souvent mentionnés dans l'*Art poétique* que la raison et ses synonymes :

> Aimez sa pureté
> Et de son tour heureux imitez la *clarté*,

nous est-il dit à propos de Malherbe.

> Si le sens de vos vers tarde à se faire *entendre*,
> Mon esprit aussitôt commence à se détendre.
> .. Il est certains esprits dont les *sombres* pensées
> Sont d'un *nuage épais* toujours embarrassées :
> Le *jour de la raison* ne les saurait percer.
> Avant donc que d'écrire apprenez à *penser*.
> Selon que votre idée est plus ou moins *obscure*,
> L'expression la suit ou moins *nette* ou plus pure
> Ce que l'on conçoit bien s'énonce *clairement*
> Et les mots pour le dire arrivent aisément.

Observons ici un très curieux et intéressant effet de l'ordre intellectuel sur l'ordre sensible et moral. L'obscurité étant pour l'esprit quelque chose de pénible dégénère presque fatalement en mélancolie, en tristesse ; il serait facile de citer des exemples nombreux de cette loi dans notre littérature contemporaine ; mais la clarté, de sa nature, produit le contentement, et lorsqu'elle jouit pleinement d'elle-même, elle dilate l'âme et le visage et s'épanouit en sérénité.

Ce caractère de sérénité est un trait essentiel

dans la physionomie du véritable art classique ennemi des idées sombres. Jamais, depuis le siècle de Platon et de Sophocle, on n'avait vu figure d'artiste plus ouverte, plus rayonnante que celle de Racine, que Louis XIV aimait à citer comme la plus belle de sa cour. Il ne faut pas que sa qualité de poète tragique nous en impose : les tragédies de Racine sont avant tout une fête pour l'esprit; si pathétiques qu'elles soient, elles nous transportent dans une région trop idéale et trop abstraite pour nous affecter bien vivement comme une réalité douloureuse et si, à leur lecture, quelque chose frémit en nous d'émotion, c'est moins notre nature sensible que notre nature intelligente. Quant au satirique Boileau, il était naturel que sa physionomie comme son humeur, manquât un peu de cette sérénité : mais s'il ne l'a pas toujours prêchée d'exemple, il en a fait du moins, comme de la clarté et de la raison, un précepte de son *Art poétique :*

> De figures sans nombre *égayez* votre ouvrage :
> Que tout y fasse aux yeux une *riante* image.
> On peut être à la fois et pompeux et *plaisant*,
> Et je hais un sublime ennuyeux et pesant.
> J'aime mieux Arioste et ses fables comiques
> Que ces conteurs toujours *froids et mélancoliques*

Qui dans leur *sombre* humeur se croiraient faire affront
Si les grâces jamais leur *déridaient* le front.

Comme l'esthétique de Boileau, la philosophie de Descartes achève et couronne logiquement la clarté de l'esprit par la sérénité de l'âme. Le philosophe et le poète éprouvent l'un et l'autre la même impatience en face de ce qui est obscur. Descartes ne veut pas que la pensée du sage s'attarde dans la contemplation des grands problèmes; il a hâte de trouver une vérité évidente qui le délivre de son doute provisoire, et dès qu'il croit tenir ce point fixe, il en fait sortir prestement, par un tour adroit de sa logique, la suite des doctrines essentielles du spiritualisme, dont il avait feint de faire table rase, mais pour les garder toutes sous sa main. M. Paul Albert a eu bien raison de signaler l'influence et comme un mot d'ordre de Descartes dans cette espèce de silence universel qu'observe le xviie siècle sur les questions qui ordinairement passionnent le plus les hommes, et qui les passionnent à cause même de leur provocante obscurité.

« Descartes, dit-il fort justement, en avait ajourné la solution, se bornant à admettre provisoirement ce qu'il trouvait établi. Le provisoire devint définitif.

Les esprits ne s'ingénièrent que pour fonder sur des démonstrations irréfutables la légitimité absolue et l'immutabilité de ce qui était. On ne cherche plus alors, on a trouvé ; on ne hasarde plus des doutes, on prononce des axiomes[1]. »

Boileau ne permet pas au poète de toucher aux mystères de la religion :

> De la foi des chrétiens les mystères terribles
> D'ornements égayés ne sont point susceptibles.

En effet, l'œuvre d'art doit être claire et sereine, et le surnaturel chrétien est trop austère, il est surtout trop mystérieux, trop incompréhensible, pour avoir sa place dans une poétique fondée sur la raison aimable et souriante. Parlez-nous de la mythologie païenne, à la bonne heure ! Sans doute personne ne croit plus au trident de Neptune, à la balance de Thémis, aux ciseaux des trois sœurs, à la barque de Charon ; mais tout le monde comprend clairement ce que ces figures signifient. Tandis que nous croyons aux mystères du christianisme sans les comprendre, nous comprenons les merveilles de la mythologie sans y croire. Elles sont l'œuvre de l'esprit humain, qui ne doit naturellement aucun

---

1. *La littérature française au dix-septième siècle.*

respect à ce qu'il a composé lui-même en se jouant, et duquel il dépend de rendre aussi intelligibles et logiques qu'il le veut les créations de sa fantaisie.

M. Krantz a choisi un charmant exemple de ce qu'on peut appeler la logique du merveilleux au siècle de Louis XIV :

« Quand les fées de Perrault font des prodiges, elles y mettent toujours le calcul plutôt que le caprice, et se règlent presque sur le grand principe cartésien qui veut que les choses soient faites par les voies les plus simples. Ainsi lorsqu'il s'agit d'improviser à Cendrillon un carrosse pour la conduire au bal, sa marraine tire le carrosse d'une citrouille et pourvoit à l'attelage en changeant des rats en chevaux. Elle aurait pu aussi bien sans doute, puisqu'elle est fée, changer des rats en carrosse et des citrouilles en chevaux. Au point de vue de sa puissance magique, c'eût été au moins aussi difficile, et le miracle n'y eût rien perdu. Pourtant, si ce n'était pas moins prodigieux, c'était moins logique. Il aurait manqué à l'opération je ne sais quel élément d'analogie, de continuité même, dont l'absence aurait enlevé de la vraisemblance à cette métamorphose, pourtant invraisemblable, et qui reste au fond, sous une forme ou sous l'autre, une absurdité. C'est que les rats sont déjà des quadrupèdes, et une citrouille un fruit roulant dont le jaune éclatant prépare, on dirait même contient en puissance, pour l'imagination, les dorures du futur carrosse. Il y a donc pour l'art raisonnable du xvii⁰ siècle une logique de l'impossible et comme un bon sens de l'absurde. Il n'est pas jusqu'aux fées de Perrault qui ne soient un peu cartésiennes. »

Cette fantaisie *logique* est à peine de la fantaisie ; le fantastique complet est absurde et se réjouit dans la déraison. Telles avaient été au xvi⁰ siècle les inventions prodigieuses de Rabelais. Il en est de même du burlesque ; son essence est d'être déraisonnable, arbitraire, d'échapper à toute espèce de règle. et voilà pourquoi Boileau le condamne sans miséricorde et veut l'exterminer de la littérature. Tout ce qui est hors des prises de la raison lui est odieux en poésie. depuis les conceptions sublimes de l'épopée chrétienne jusqu'aux bouffonneries gigantesques de « ce misérable Scarron » [1].

---

1. Il y a un quatrain de Godeau qu'on peut citer comme la devise très prosaïque, mais assez exacte, de l'art littéraire au xvii⁰ siècle :

> Fuyez comme un venin la tristesse secrète
> Qui met dans la langueur les corps et les esprits
> Mais que la gayeté d'une humeur indiscrète
> Ne vous expose pas au danger du mépris.

C'est lourd et plat : mais la formule de notre poésie classique est là presque tout entière.

L'attachement exclusif de Boileau, comme de Descartes, à la sérénité rationnelle ne dénote pas seulement une certaine sécheresse d'imagination et de cœur ; il accuse aussi une intelligence plus qu'incomplète de la nature humaine et de la disproportion infinie qui existe entre cette petite lumière faible et vacillante, que nous appelons notre raison, et l'immense étendue de la nuit qu'elle doit éclairer. Il n'est pas vrai que toutes les vérités soient évidentes, ni que toutes les beautés soient claires. Il existe des choses que l'esprit ne peut pas bien concevoir et qu'il *doit énoncer obscurément*, sous peine de les mal traduire, en les recouvrant à la hâte d'une netteté facile et trompeuse. L'art classique et la philosophie cartésienne, qui se piquent de tout comprendre et de tout expliquer, ne comprennent pas que l'incompréhensible est quelque chose, qu'il plane et pèse sur nous, qu'il enveloppe de son ombre toute la vie humaine, et qu'il offre dans sa troublante et tragique obscurité une source intarissable de méditations profondes pour le penseur et pour le poète.

« Sans doute, comme le dit supérieurement M. Krantz, la philosophie doit être l'effort pour comprendre et l'ambition d'expliquer : mais elle est aussi, à son sommet, la conscience de ne point tout comprendre et le renoncement à trop expliquer : elle est donc l'émotion devant ce qui reste impénétrable. comme elle a été la sérénité intellectuelle devant ce qu'elle a éclairci. »

L'extraordinaire grandeur poétique de Pascal au XVIIe siècle consiste en ce qu'il a rendu au mystère et à l'émotion devant le mystère la place que lui ôtait le rationalisme aride de Descartes. Avec quel éclat Pascal se sépare de cette philosophie glacée qui, trouvant tout clair dans son étroite logique, a une solution prête pour chaque problème : « Humiliez-vous, raison impuissante ; taisez-vous, nature imbécile ! apprenez que l'homme passe infiniment l'homme. et entendez de votre Maître votre condition véritable que vous ignorez. Ecoutez Dieu. »

A Pascal il faut ajouter Bossuet, dont la grande imagination était sensible aussi à la poésie de l'obscur, et qui commençait un de ses sermons par ces mots. en présence de la cour assemblée : « Sire. ce que l'œil n'a pas aperçu, ce que l'oreille n'a pas ouï, ce qui n'est jamais entré dans le cœur de l'homme, c'est ce qui doit faire aujourd'hui le sujet de notre entretien [1]. »

1. Remarque de M. Brunetière ; mais il faut prendre garde

Mais ce sont là des exceptions au siècle de Louis XIV ; le véritable art classique, tel que Boileau l'a défini et réglé, exclut le mysticisme et ferme ainsi l'une des sources les plus fécondes de la poésie.

que Bossuet ne fait ici que citer les propres paroles de saint Paul, *première epître aux Corinthiens*, II, 9.

III

IDÉALISME DE L'ART CLASSIQUE

Le premier mot de la philosophie de Descartes est le mot *je* : « Je pense. » Le philosophe descend au fond de sa pensée, et dans la contemplation de ce petit monde intérieur il découvre les preuves de l'existence de Dieu d'abord, puis de celle de l'univers sensible. La pensée de Descartes est, d'ailleurs, la pensée humaine; son esprit est l'esprit humain. Jamais psychologie ne fut moins particulière à l'époque, à la nation, à la personne du psychologue. Les observations qu'il fait, les conséquences qu'il tire, les lois qu'il établit sont vraies pour tous les hommes en tout lieu, en tout temps. Le *moi* est donc le point de départ et d'appui, le centre de toute la philosophie cartésienne; mais ce moi est, en même temps, tout ce qu'on peut concevoir de plus général et de plus abstrait.

Ce double caractère, cette tendance à la fois subjective et idéaliste, se rencontre de même et s'accuse au plus haut degré dans les œuvres de la tragédie classique, notamment dans le théâtre de Racine. Le regard du poète est tourné vers le dedans; mais ce n'est pas son propre cœur, ce n'est pas non plus celui de tel ou de tel individu, c'est le cœur humain qu'il cherche à connaître et à rendre dans ses traits éternels et universels.

Se placer au centre de l'âme humaine est tellement l'habitude de Racine, que sa constante et unique méthode pour *peindre* les objets extérieurs est de traduire purement et simplement l'impression morale qu'ils font sur la sensibilité. Mais le terme dont je viens de me servir est évidemment abusif; il n'y a pas, à proprement parler, de *peinture* là où rien ne vient frapper l'imagination, où c'est à l'esprit seul que le poète s'adresse. Les épithètes favorites de Racine ne sont point des adjectifs pittoresques faisant vivement surgir hommes et choses à nos yeux; ce sont des adjectifs psychologiques ne réfléchissant que l'état doux ou violent de l'âme en présence des objets. Tels sont les mots *aimable, charmant, adorable, divin, touchant, étonnant terrible, épouvantable,* et le petit nombre de ceux qui peuvent composer encore le répertoire peu riche et peu varié des épithètes raciniennes.

Ecoutez Phèdre parlant d'Hippolyte. Elle n'essaye pas de décrire *l'objet* qui l'a troublée. au peintre qui voudrait représenter dans un tableau « le fils de l'amazone », elle ne fournit pas la plus petite indication matérielle, et quand nous l'avons entendue exprimer tout son amour toute son admiration, nous n'avons aucun renseignement positif et concret sur la beauté d'Hippolyte, nous ne la connaissons que par voie indirecte et réfléchie, par la description des ravages que cette beauté a faits dans son cœur

> Athènes me montra mon superbe ennemi.
> Je le vis, je rougis, je pâlis à sa vue,
> Un trouble s'eleva dans mon âme éperdue,
> Mes yeux ne voyaient plus, je ne pouvais parler
> Je sentis tout mon corps et transir et brûler.

Plus loin, lorsque à Hippolyte lui-même elle parle d'Hippolyte encore sous le nom de Thésée et que cette fois elle entreprend' de le décrire directement, tous les traits de ce prétendu tableau. fidélité. fierté, jeunesse, beauté divine charme victorieux de tous les cœurs, pudeur de l'âme colorant le visage, les filles de Minos secrètement amoureuses et soupirant tout bas ; tous ces traits, même celui du visage noblement coloré, sont *subjectifs* et n'expriment toujours que des modifications passionnelles de l'âme :

> Oui, prince, je languis, je brûle pour Thesée.
> Je l'aime, non point tel que l'ont vu les enfers,
> Volage adorateur de mille objets divers,
> Qui va du dieu des morts déshonorer la couche ;
> Mais fidèle, mais fier, et même un peu farouche,
> Charmant, jeune, traînant tous les cœurs après soi.
> Tel qu'on dépeint nos dieux, ou tel que je vous voi.
> Il avait votre port, vos yeux, votre langage,
> Cette noble pudeur colorait son visage
> Lorsque de notre Crete il traversa les flots,
> Digne sujet des vœux des filles de Minos.

Cette façon immatérielle de peindre, soit par des traits psychologiques, soit par des termes vagues et abstraits, se généralise de plus en plus au siècle de Louis XIV à mesure que l'esprit classique perfectionne conformément à son idéal l'art du portrait, hier presque réaliste encore sous la plume de La Rochefoucauld et de Mlle de Scudéry. « Vous êtes aimable et charmante, écrit Mme de La Fayette à Mme de Sévigné... vos cheveux sont incomparables... votre esprit pare et embellit toute votre personne... vos paroles attirent les ris et les grâces autour de vous... » Voilà des traits qui ne peignent rien ils ne caractérisent pas l'individu, ils conviennent à toutes les femmes qui sont belles et spirituelles à la fois; et cela est si vrai que Regnard s'est servi d'expressions presque identiques pour nous vanter je ne sais quelle femme : « Elle avait une beauté extraordinaire... son esprit éclatait dans ses yeux... les grâces et les ris volaient autour de sa bouche. et toute sa personne n'était que charmes. »

Les hommes de la cour de Henri II, dans *La princesse de Clèves*, sont « parfaitement beaux » et les femmes « parfaitement belles... » « Marie Stuart était une personne parfaite pour l'esprit et pour le corps... Le duc de Nemours était un chef-d'œuvre de la nature... Mme Élisabeth de France avait un esprit surprenant et une incomparable beauté. » Voilà ce qu'on appelait des *peintures* au siècle de Louis XIV. M. Krantz. à qui j'emprunte ces citations, remarque que Bossuet, plus coloriste pourtant qu'aucun autre écrivain classique, a totalement omis dans son oraison funèbre du prince de Condé le portrait physique du héros, réservant toute la place au cœur et à l'esprit de ce jeune vainqueur, dont les « regards étincelants » sont un trait plus spirituel encore que matériel.

Il va de soi que la psychologie dramatique de Racine fait une part sensiblement plus grande à l'observation, à l'expérience, que celle de Descartes, qui est purement rationnelle et déductive. Mais si les personnages du théâtre de Racine reproduisent dans une mesure considérable le caractère et la physionomie de la société française contemporaine, c'est par l'effet d'une loi nécessaire à laquelle la littérature, quoi qu'elle fasse, surtout la littérature dramatique, ne pourra jamais échapper; et s'ils conservent aussi quelques traits des Grecs, des Romains, des Turcs, des Israélites et des autres peuples où le poète est allé prendre les sujets de ses pièces, tout le monde convient que ce minimum de couleur locale est une quantité insignifiante. Racine croit, en parfait catholique de la doctrine classique, que « le bon sens et la raison sont les mêmes dans tous les siècles », et son ambition est de composer des tragédies qui en plaisant au « goût de Paris » soient « conformes à celui d'Athènes ». Ces remarquables expressions se trouvent dans la préface d'*Iphigénie*. Généralement, dans son théâtre, le lieu de la scène tragique est presque abstrait à force d'être vague et sommaire. La scène d'*Iphigénie* est « en Aulide dans la tente d'Agamemnon ». La scène de *Phèdre* est « à Trézène, ville du Péloponèse » et c'est tout.

Deux mètres carrés de parquet, avec un siège où Phèdre accablée puisse s'asseoir : il ne faut pas une mise en scène plus compliquée pour exécuter le chef-d'œuvre de Racine. Quelle est la toilette de Phèdre, sa coiffure ? Bien habile qui pourra l'inférer des trois seuls vers où le poète fasse semblant d'en dire quelque chose

> Que ces vains ornements, que ces voiles me pèsent !
> Quelle importune main, en formant tous ces nœuds,
> A pris soin sur mon front d'assembler mes cheveux ?

Comparez à cette sobriété de l'idéalisme classique le luxe d'indications sur les décors de la scène et sur les costumes des personnages qui remplit, en tête de chaque acte, des demi-pages entières dans les drames de Victor Hugo ! L'acte premier de *Ruy Blas*, par exemple, est précédé de la minutieuse légende que voici, et que j'abrège : « Le salon de Danaé dans le palais du roi à Madrid. Ameublement magnifique, dans le goût demi-flamand du temps de Philippe IV. A gauche, une grande fenêtre à châssis dorés et à petits carreaux. Au fond, une grande cloison vitrée à châssis dorés s'ouvrant par une large porte également vitrée sur une longue galerie... Don Salluste est vêtu de velours noir, costume de cour du temps de Charles II. La Toison d'or au cou. Par-dessus l'habillement noir, un riche manteau de velours vert clair, brodé d'or et doublé de satin noir. Epée à grande coquille. Chapeau à plumes blanches... » En tête de l'acte second il nous est dit que la reine a une robe de drap d'argent et qu'elle est occupée à broder. Vis-à-vis d'elle est assise la vieille duchesse d'Albuquerque, en noir, une tapisserie à la main, et derrière se tient debout le majordome don Guritan, « grand, sec, moustaches grises, cinquante-cinq ans environ, mine de vieux militaire, quoique vêtu avec une élégance exagérée et qu'il ait des rubans jusque sur ses souliers. »

Le poète romantique parle aux yeux, s'adresse à l'imagination, et c'est pourquoi il se complaît dans les détails matériels, tandis que le poète classique supprime dédaigneusement ou ignore cette enveloppe extérieure et contingente, parce qu'il réduit l'homme à sa pure essence spirituelle et ne veut voir en lui que les passions générales de l'humanité.

L'idéalisme cartésien ou classique portait naturellement Racine à s'affranchir autant que possible du joug de l'histoire, pour laquelle au contraire le vieux Corneille, se faisant d'ailleurs une illusion assez grande sur la vraie part de la réalité dans son théâtre, professait, avec toute l'école littéraire fidèle à ses leçons, un respect absolu. Dans sa *Dissertation sur l'Alexandre* de Racine, Saint-Évremond, zélé partisan de Corneille, reproche au poète nouveau d'avoir défiguré les héros de l'histoire : il va plus loin et on croirait entendre un critique du XIX° siècle, imbu de toutes les idées modernes sur le pittoresque et la couleur locale lorsqu'il regrette que Racine ne nous ait pas transportés dans le climat des Indes, au milieu de cette nature étrange, de ces chariots, de ces éléphants et de ces larges fleuves que l'armée d'invasion, au témoignage de Quinte-Curce, passa sur de simples peaux de bêtes[1].

1. En dehors de l'école classique, et avant son établissement, la couleur locale ne manquait point au théâtre ni à la poésie française Voici comment l'auteur d'une tragédie d'*Osman*,

L'auteur d'*Andromaque* et de *Britannicus*, dans les préfaces de ces deux tragédies, laisse clairement percer son impatience devant certains faits de la légende ou de l'histoire ; il revendique pour le poète la liberté d'y faire quelques changements, à la seule condition de justifier ces changements par un redoublement d'ingéniosité et d'adresse dans la mise en œuvre du sujet ainsi modifié. Mais la plupart du temps Racine n'a pas besoin de faire sciemment subir à l'histoire ou à la fable aucune altération : tant il leur demande peu de chose pour composer une pièce de théâtre ! La situation la plus simple, la plus ordinaire, la plus conforme au train journalier de la vie, est la meilleure dans son système dramatique. Tandis que Corneille s'évertue à rendre l'intrigue aussi variée, aussi étrange qu'il peut, pose en prin-

Tristan l'Hermite, décrit l'appareil dans lequel son héros s'est présenté devant les janissaires :

> Quarante Capigis le suivaient seulement,
> Et six pages d'honneur dont l'un portait sa trousse
> Et les autres tenaient les cordons de sa housse
> Dessus ses brodequins et sur sa veste encor
> Éclataient des rubis, des perles et de l'or
> Et dessus le fourreau d'un riche cimeterre
> De larges diamants brillaient de tous côtés

Voir aussi, pour un tableau pittoresque du poème d'*Alaric* par Scudéry, la note de la page 300 du présent volume.

cipe que le sujet d'une tragédie, tout en étant vrai historiquement, doit être invraisemblable jusqu'à l'extraordinaire, vante la singularité de son *Nicomède* et tire presque gloire de l'embarras obscur de son *Héraclius*. Racine tend au contraire à simplifier l'intrigue de plus en plus, en la débarrassant de tout incident étranger au jeu naturel des passions.

A plusieurs reprises Racine loue « une action simple, chargée de peu de matière », et il écrit dans la préface de *Bérénice :* « Il y en a qui pensent que cette simplicité est une marque de peu d'invention. Ils ne songent pas au contraire que *toute l'invention consiste à faire quelque chose de rien.* » Ce paradoxe hardi, cette fière définition nous élève d'emblée au point culminant de l'idéalisme de Racine et de sa ressemblance avec Descartes ; mais ici je cède de nouveau la parole à M. Krantz, qui a fait de cette ligne significative de la préface de *Bérénice* le plus ingénieux commentaire :

« La ressemblance est ici frappante entre Descartes et Racine ; car Descartes, lui aussi, a bien l'ambition de réduire les ressources du philosophe à un minimum. Comme l'artiste qui veut faire quelque chose de rien, il se prive volontairement

et de l'expérience et du monde extérieur, et de sa
sensibilité individuelle et de son propre corps ; il se
concentre dans la seule chose qui lui reste, après
cette totale abstraction de tout, son existence, son
moi spirituel ; et c'est de ce *rien*, ou pour être plus
exact, de ce *presque rien*, qu'en véritable artiste de
la déduction il va tirer tout son poème métaphysique, l'univers, la raison éternelle, les lois mathé-
matiques, l'infiniment parfait. Le philosophe
cartésien et l'artiste classique ressemblent à leur
dieu ; donnez seulement à l'un l'éternelle raison
humaine, à l'autre l'éternel cœur humain, et de ce
cœur et de cette raison qui sont à tout le monde,
leur génie propre tirera une série indéfinie de conceptions métaphysiques et de combinaisons esthé-
tiques ; plus est commun ce que le cœur et la raison
leur fournissent, plus la matière est vieille, connue,
empruntée, et plus il leur faudra tirer d'eux-mêmes
la nouveauté de la forme et de l'arrangement ; plus
alors ils auront mis de leur personne, de leur âme
dans leurs créations, et plus ils auront fait quelque
chose de rien ; ou plutôt, mieux ils auront montré
que ce qui n'est *rien* pour eux, c'est une matière
extérieure à eux, et que ce qui est *tout*, dans leur
doctrine si fièrement idéaliste, c'est l'idée pure, l'idéal
qui réside en eux, qui est eux mêmes. »

Les unités dramatiques, plus ou moins gau-
chement observées avant l'époque de Louis XIV,
parce que la recherche de cette forme de l'art

avait anticipé l'avènement du véritable esprit classique auquel seul elle convenait tout à fait bien, deviennent, dans le théâtre de Racine une conséquence logique et naturelle de la parfaite simplicité qui est son idéal. *L'unité d'action* et la simplicité d'action sont termes synonymes. *L'unité de temps* n'est qu'un minimum de durée, et l'*unité de lieu* qu'un minimum d'espace ; toutes trois rentrent donc, avec le minimum de matière, dans la doctrine fondamentale et la pratique constante du poète : produire le plus d'effet avec le moins de moyens.

A ces trois unités il faut en ajouter une quatrième, la plus caractéristique de toutes : *l'unité de ton*. Cette quatrième unité est aussi un fruit, le fruit par excellence de l'idéalisme classique, de ce fier dédain de l'esprit pur pour les différences extérieures de langage, de tenue, de gestes, qui résultent de la diversité des conditions sociales, des éducations, des tempéraments, des humeurs. Tous les personnages de Racine ont la même noblesse et la même éloquence, parce que leur fonction unique est de traduire de la manière la plus claire et la plus belle le langage, éternellement identique au fond, de la raison ou de la passion.

Dans son culte pour l'unité et pour les unités, la tragédie du siècle de Louis XIV a tellement renchéri sur les préceptes et sur les exemples des anciens qu'il devient impossible de rattacher ses errements à la tradition de l'antiquité classique, et qu'une grande influence, comme celle de la philosophie cartésienne ou des causes encore plus générales d'où cette philosophie est elle-même issue, se présente ici et s'impose comme la seule explication suffisante.

Les unités de temps et de lieu n'avaient pas pour les Grecs un caractère théoriquement obligatoire, bien que les conditions de la mise en scène pussent en faire une pratique habituelle de leur théâtre. Quant à l'unité de ton, ils la connaissaient moins encore. Il est vrai qu'ils aimaient à placer de longs et beaux récits dans la bouche de certains personnages secondaires du drame, bergers, messagers, nourrices, esclaves, etc.; mais, d'une part, ces récits ne remplaçaient pas systématiquement la représentation de la réalité, souvent cruelle à voir dans la tragédie grecque; d'autre part, les narrateurs conformaient, en règle générale, leur langage à leur condition. Le ton familier, comique même, succédait aux effusions lyriques du chœur, aux paroles admirables ou touchantes des personnages principaux. et les gens du commun n'avaient pas coutume de s'exprimer dans le style des héros ou des rois.

L'unité de ton, suprême paradoxe de l'abstraction idéaliste, est donc le trait le plus original de la tragédie racinienne ; mais c'en est aussi le point faible et vulnérable entre tous. Comment rendre la diversité des caractères si l'on n'observe pas celle des langages, surtout dans un théâtre où la pure fonction de parler tient une place aussi considérable? Quelles pâles figures que ces confidents et ces confidentes qui moins que toutes les autres sont des individus. et dont la seule raison d'être est de faciliter les analyses psychologiques de leurs maîtres et de leurs maîtresses, en leur fournissant la réplique! Cette classe de subalternes parlant d'office le langage noble pour que rien ne détonne dans l'uniforme élégance du style, est le couronnement du système et sa condamnation.

Par sa rigoureuse exclusion de tous les éléments réalistes, l'art classique proscrit la couleur la variété, le mouvement, la vie, et porte ainsi une nouvelle et profonde atteinte à la poésie déjà si diminuée par la défense qu'on lui a faite de s'aventurer dans la région du mystère.

Un dernier trait de l'art au siècle de Louis XIV et un dernier coup mortel sous lequel la poésie semble devoir succomber, c'est l'élimination de la nature.

Il est vrai que Boileau nomme souvent la nature et paraît l'estimer ; mais ce qu'il apprécie en elle, c'est « la nourrice et la servante » de l'homme, ce n'est pas la grande et sublime *artiste*, à la fois la rivale et l'inspiratrice du poète. Le jardinier de Boileau *gouverneur* de son jardin d'Auteuil, surveille pour la table de son maître la maturité des melons et *dirige* l'if et le chèvrefeuille pour le plaisir de ses yeux. La seule nature à laquelle fussent sensibles les contemporains de Boileau et de Le Nôtre, c'est celle que l'homme a refaite et façonnée pour son usage, où il a mis l'empreinte de sa main et de son esprit [1].

[1] « Exclusivement développée, la vie de société rend impossible la poésie de la nature. Aussi la nature, qui forme dans quelques-unes des tragédies de Shakespeare, *Roméo et Juliette, Hamlet, le Roi Lear*, un cadre magnifique, un vaste horizon, dont les teintes s'harmonisent toujours avec les sentiments des héros, n'a-t-elle rien à faire dans le théâtre de Racine. L'homme n'y apparaît pas entouré de la création prête

Ici encore Descartes règne, moins peut-être par sa théorie du mécanisme, qui a soulevé au xviie siècle tant de contradictions, que par la place plus que royale qu'il fait dans l'univers à l'homme considéré comme sujet pensant. et par le rationalisme absolu de sa théologie. pure de tout élément empirique. Dans l'ordre de la logique cartésienne. ce n'est point l'aspect magnifique et harmonieux de la nature qui prouve l'existence de Dieu; c'est l'existence de Dieu, rationnellement démontrée d'abord qui permet ensuite de conclure, par voie de déduction, à celle de la nature ou du monde Tel est dans cette philosophie orgueilleuse le rôle exorbitant de la raison, aux dépens des sens, de l'imagination, de l'expérience, du cœur. humbles et faibles organes de la vérité, si l'on veut, mais qui ont en littérature un prix infini puisqu'ils sont les sources éternellement jaillissantes de la poésie.

Fidèle à l'esprit philosophique du siècle le théâtre classique français détache l'homme de la

à s'associer à ses joies et a ses douleurs; il s'y montre seul il n'a jamais derrière lui que les parois d'une antichambre ou d'un salon. En outre, l'excès de la vie de société nuit à l'abandon; elle développe la finesse plus que l'originalité, l'habitude d'observer plus que le penchant à la contemplation nature et le présente seul dans sa généralité abstraite de personne *raisonnable* et de personne *passionnée*, deux manières d'être, nous l'avons vu, qui ne sont opposées qu'en apparence et que Pascal, momentanément cartésien, résout logiquement dans l'unité.

Le théâtre classique français ignore ou méconnaît l'influence de la nature sur l'homme et cette solidarité mystérieuse des choses célestes et des choses humaines qui a si souvent et si grandement inspiré non seulement la poésie de Shakespeare, mais celle de Sophocle et toute la tragédie antique. Le vers insignifiant de Racine sur les petits oiseaux que le bon Dieu nourrit, peut-il entrer en balance avec le concert de rossignols qui chantent pour le vieil OEdipe aveugle dans le bois sacré de Colone, ou avec le duo du rossignol et de l'alouette, rassurant et alarmant tour à tour Juliette et Roméo, comme la voix caressante de l'ombre et la fanfare de l'aurore?

La poésie ne redoute pas une certaine solitude, non la solitude morale, celle-là est funeste au poète, mais la solitude physique. Elle vit de recueillement, et le recueillement n'était pas chose tres facile, sinon à Corneille, au moins à Racine. »

Rambert, *Corneille, Racine et Molière.*

En résumé, « le genre classique a introduit une sorte d'aristocratie dans l'art : il n'a pris des choses que le noble et l'essentiel : de l'univers il n'a pris que l'homme, et pas la nature ; de la société il a pris les grands, et pas les petits ; de l'individu humain l'âme, et pas le corps ; de l'âme la substance, et non les phénomènes. »

IV

RÉPONSE AUX CRITIQUES PRÉCÉDENTES

J'ai achevé d'instruire ce qu'on peut appeler le procès de la poésie française au siècle de Louis XIV, et j'avoue que je me suis singulièrement complu et diverti dans cette exposition, d'abord parce que le récent ouvrage qui me fournissait les arguments les plus neufs et les plus originaux est de ceux dont le commerce ne lasse pas; ensuite et surtout, parce que le procès lui-même me semble offrir l'intérêt d'un réquisitoire bien fondé et très solide en beaucoup de points.

Aucune apologie de notre littérature classique ne pourra faire que la raison philosophique et oratoire, avec ses vertus médiocrement poétiques de clarté, de discipline et d'ordre, n'ait été pour les poètes de la génération formée à l'école de Descartes une muse bien autrement honorée et puissante que la fantaisie créatrice. Aucune apologie de notre littérature classique ne pourra faire que la pure tragédie française n'ait eu pour l'unité, la vérité abstraite, la simplicité immatérielle une prédilection naturellement peu favorable aux qualités pittoresques d'éclatant coloris, de mouvement extérieur et de variété qui amusent l'imagination et les yeux dans le drame romantique de 1830. Aucune apologie de notre littérature classique ne pourra faire enfin que l'immense valeur poétique du sentiment du mystère et du sentiment de la nature n'ait été très insuffisamment appréciée par les poètes français du siècle de Louis XIV. et qu'il n'y ait trop lieu de leur adresser le reproche que faisait Hamlet à l'étroite raison des sages de son temps : « Il y a plus de choses au ciel et sur la terre qu'il n'en est rêvé dans votre philosophie. »

Cependant, tout jugement général, en littérature comme ailleurs et peut-être plus qu'ailleurs, comporte un nombre indéfini d'exceptions qui l'atténuent. On peut en grossir à volonté la liste interminable ; cela est de bonne guerre ; c'est une riposte à la fois brillante et facile, que la critique préfère naturellement à toute autre manière de discuter. M. Brunetière a pu faire à la Sorbonne toute une conférence amusante et instructive sur ce qu'il appelle *le Naturalisme au dix-septième siècle* [1].

Au siècle de Louis XIV, en effet, les exemples d'infidélité à l'esprit classique sont fort nombreux, non seulement dans la *bohème* littéraire et dans le camp des ennemis de Boileau, mais chez plus d'un grand écrivain, chez plus d'un *classique* du premier ordre. J'ai déjà mentionné La Fontaine, Molière et Bossuet comme offrant les plus considérables exceptions, sinon entières, au moins partielles. On fait très bien de nommer aussi La Bruyère, dont le style est souvent si pittoresque et même si réaliste. « La Bruyère voit le corps.. Il ne nous prend pas pour de purs esprits, mais bien pour des êtres qui ont une figure, un son de voix, un tempérament, qui mangent, font des gestes, etc. Toujours il voit en même temps le sentiment et l'attitude, et souvent ne montre que l'attitude et laisse deviner le sentiment. [2] » Mme de Sévigné et le

---

1. Publiée dans la *Revue politique et littéraire* du 14 avril 1883.
2. J. Lemaître, *Étude sur Dancourt*.

duc de Saint-Simon, par le genre libre de leurs écrits, sont peut-être un peu trop en dehors de l'art littéraire à proprement parler, pour qu'il n'y ait pas quelque abus à les faire intervenir ici ; mais quelle riche et amusante collection d'espiègleries anti-cartésiennes et de chiquenaudes sur le nez de Boileau n'assemblerait-on pas dans la *Correspondance* de l'une et dans les *Mémoires* de l'autre ! Il n'y a pas jusqu'à Fénélon, il n'y a pas jusqu'au *Télémaque* où l'on ne découvre, en cherchant bien, des échantillons tantôt de romantisme, tantôt de réalisme, à rendre jaloux Théophile Gautier et M. Zola :

« En parlant ainsi, Calypso avait les yeux rouges et enflammés... ses joues tremblantes étaient couvertes de taches noires et livides, elle changeait à chaque instant de couleur. Souvent une pâleur mortelle se répandait sur tout son visage ; ses larmes ne coulaient plus, comme autrefois, avec abondance ; la rage et le désespoir semblaient en avoir tari la source, et à peine en coulait-il quelqu'une sur ses joues. Sa voix était rauque, tremblante et entrecoupée. »

Que dis-je ? Les deux représentants les plus parfaits du genre classique, Racine et Boileau lui-même, trahissent dans leurs propres ouvrages d'innombrables manquements à l'esprit dont ils sont l'incarnation par excellence. De pieux commentateurs de Racine n'ont-ils pas remarqué, avec une admiration naïve, que le style noblement idéaliste du poète ne l'empêche point de s'exprimer parfois comme tout le monde et d'appeler par leurs noms les *chiens*, les *boucs*, les *chevaux*, les *échelles*, le *pavé?*

Les exemples de style réaliste et cru abondent dans Boileau. Voyez ces vers du *Repas ridicule :*

>   Deux assiettes suivaient, dont l'une etait ornee
>   D'une langue en ragoût de persil couronnée ;
>   L'autre, d'un godiveau tout brûlé par dehors,
>   Dont un beurre gluant inondait tous les bords...

Voyez aussi, dans la satire X, le portrait du lieutenant criminel Tardieu et de sa femme, et cette autre peinture d'

>   . . . . Une belle animee
>   Qui souvent d'un repas sortant toute enfumee,
>   Fait même à ses amants trop faibles d'estomac
>   Redouter ses baisers, pleins d'ail et de tabac.

Deux professeurs de littérature qui ont eu l'honneur de s'asseoir à la table de Victor Hugo. l'un à Bruxelles, l'autre à Guernesey, ont attesté l'un et l'autre devant leur auditoire parisien l'admiration du chef de l'école romantique pour certains vers de Boileau, nerveux, antithétiques, colorés, comme les vers les plus éclatants de *la Légende des siècles* [1].

Tout cela est bon à dire et aussi utile qu'amusant ; mais, en fin de compte, tout cela ne prouve rien contre l'existence ni même contre la domination de l'esprit classique au siècle de Louis XIV.

Chaque époque littéraire a naturellement son

---

[1]. « Quand j'avais l'honneur, en 1852, à Bruxelles, de rompre chaque jour le pain de l'exil avec notre grand poète Victor Hugo et ses deux fils, dans les conversations littéraires qui étaient l'assaisonnement de ce pain quotidien, il arriva mainte fois au chef de l'école romantique de citer avec éloge ces vers de Boileau sur la femme coquette, qui le matin fait son visage et le défait le soir :

> Et dans quatre mouchoirs de sa beauté salis,
> Envoie au blanchisseur ses roses et ses lis.

Victor Hugo aimait à citer ce double trait qui, en effet, est comme un double éclair de style. »

(Émile Deschanel, *Le romantisme des classiques*.)

> « A ces mots, il saisit un vieil *Infortiat*,
> Grossi des visions d'Accurse et d'Alciat,
> Inutile ramas de gothique écriture,
> Dont quatre ais mal unis formaient la couverture,
> Entourés à demi d'un vieux parchemin noir
> Ou pendait à trois clous un reste de fermoir.

Grossi des visions d'Accurse et d'Alciat ! « Peut-on voir un vers plus joli ? » me disait un jour Victor Hugo, qui, chez lui, à déjeuner, bonhomme, fait de la critique comme Laharpe.

(Paul Stapfer, *Causeries parisiennes*.)

esprit, en d'autres termes, son courant d'idées, sa physionomie, son caractère, ses tendances qui servent à la définir ; sans quoi l'histoire n'a plus ni loi ni sens, et le spectacle de tant de faits qu'on ne peut ni interpréter ni classer devient celui d'une confusion inintelligible. Cette anarchie, inconcevable en tout temps, serait plus inadmissible que jamais au siècle de la raison et de l'ordre. Sainte-Beuve s'impatientait à bon droit quand il entendait des gens de trop d'esprit qualifier paradoxalement Racine de *prince de l'école réaliste*. « Il a tout ennobli, répondait-il avec une parfaite justesse. Cela ne l'empêche pas d'être plus naturel que Corneille, qui prend ses beautés hors de la nature, au-dessus de la nature, tandis que Racine prend les siennes dans la nature et dans le cœur. mais en choisissant. Racine est naturel, si on le compare à Corneille, tandis qu'en face de Shakespeare, qui est la nature même, il ne paraît qu'élégant (*eligit*) [1]. »

Que M. Krantz ait fait la part trop belle à Descartes dans la constitution de l'esprit classique, c'est probable ; mais je ne vois pas ce qu'on peut reprendre au tableau très complet, très nuancé, très fin qu'il a tracé de cet esprit. Quant à moi,

[1]. *Nouveaux Lundis*, t. III.

je l'accepte, et l'idéal littéraire du siècle de Louis XIV étant bien à mes yeux celui dont on nous a fait la description, je voudrais seulement chercher si la poésie proprement dite en est aussi complètement absente que le croit aujourd'hui l'opinion la plus commune, encouragée dans cette espèce de dédain par quelques-uns des maîtres de la critique contemporaine.

« Poésie, a dit Platon, est un mot qui renferme bien des choses; il exprime en général la cause qui fait passer du non-être à l'être quoi que ce soit : de sorte que toute invention est poésie et que tous les inventeurs sont poètes. » L'invention est d'autant plus poétique, elle ressemble d'autant plus à l'œuvre divine de la création, que la matière élaborée par l'artiste est moins de chose en apparence et présente avec l'ouvrage de ses mains un contraste plus étonnant.

Envisagé à ce point de vue, qui est le vrai, un poème tel que *Hermann et Dorothée* de Gœthe, par exemple, dont le fond est tout ce qu'on peut imaginer de plus commun et de plus ordinaire, mais qui est un chef-d'œuvre exquis paraîtra une plus grande merveille poétique que *la Jérusalem délivrée* du Tasse, où le chantre de la guerre sainte et de l'amour chevaleresque voguait en pleine poésie. Pareillement, un théâtre comme celui de Racine, étant fondé sur la loi de la simplicité de matière, rehausse par cela même dans une proportion infinie le prix de l'œuvre d'art et nous présente le phénomène d'une *création poétique*, au sens propre de ce mot, plus purement, plus complètement que celui des poètes qui travaillent sur des sujets riches, neufs, extraordinaires, ces poètes eussent-ils nom Corneille, Shakespeare ou Victor Hugo.

Cette grande vérité esthétique a reçu de M. Krantz son expression la plus brillante, mais non pas peut-être la plus exacte, dans une page de son livre que nous avons déjà citée[1] et à laquelle on peut ajouter le passage suivant de sa conclusion :

« L'art classique français au xvii° siècle a voulu tout tirer de lui-même, comme Descartes et comme le dieu cartésien ; il a réduit volontairement sa matière à un minimum, par mépris pour la matière et par le souci de s'affranchir de toutes ces ressources extérieures qu'il appelait des entraves. Semblable à

1. Voy. p. 94.

l'artiste audacieux qui, dit-on, brisait exprès trois cordes de son violon et achevait sur la dernière seule, avec une confiance éclatante, le morceau commencé sur l'instrument complet, la littérature classique elle aussi a rompu, à dessein, la plupart des cordes humaines pour exécuter des prodiges sur le peu qu'elle en conservait. Emportée par une sorte de bravoure idéaliste, elle s'est créé des difficultés et des périls pour se donner le mérite de les affronter et l'orgueil de les vaincre. Elle a rêvé et poursuivi la gloire singulière *de faire quelque chose de rien*. Quelques rares génies ont réussi dans ce projet presque divin. »

L'expression ne saurait avoir plus d'éclat mais elle pourrait être plus juste, et la pensée ici a grand besoin d'être expliquée. La matière qu'un vrai poète met en œuvre n'est jamais, comme les termes dont s'est servi M. Krantz pourraient le faire supposer à tort, une chose sans valeur en soi et qui ne tire son prix que de l'exécution. Quand la matière est insignifiante il n'y a point d'art véritable, il n'y a qu'un jeu frivole où une main habile peut faire merveille mais qu'aucune adresse technique ne saura élever jusqu'à la poésie.

Deux pensées de Gœthe, très différentes sans être contradictoires, en se corrigeant et s'achevant l'une par l'autre, nous donnent sur ce point délicat d'esthétique la mesure exacte et complète de la vérité. Gœthe disait : « Qu'on ne prétende pas que l'intérêt poétique manque à la vie réelle; car justement on prouve qu'on est poète quand on a l'esprit de découvrir un aspect intéressant dans un objet vulgaire. » Et il disait aussi : « On ne veut pas voir que la vraie force et l'effet d'une poésie résident dans l'*idée*, dans le *motif*. De là vient qu'on écrit des milliers de poésies dont le motif est nul, et qui simulent une espèce d'existence par une versification sonore. » Ainsi donc, d'une part, la chose la plus vulgaire en apparence peut contenir de la poésie pour l'artiste qui a des yeux et une âme capables de la discerner; d'autre part, toute chose cependant n'est pas propre également et indifféremment à servir de matière à la vraie poésie.

La poésie d'un sujet tel que celui d'*Hermann et Dorothée* était *réelle*, quoique cachée à la vue du profane; pour la faire sortir des entrailles mêmes d'une fable aussi commune, il suffisait, mais il fallait, qu'un grand esprit comme Gœthe aperçût que cette vieille histoire était l'abrégé de celle du monde moral, l'essence même de tout ce que les poètes ont chanté depuis Homère, la représentation en miniature des faits primordiaux et des sentiments éternels sur lesquels la famille et la cité sont fondées. Mais la plus pénétrante intelligence, la plus riche imagination du monde s'exerçant sur un sujet comme celui qui fait le fond du *Lutrin* de Boileau, n'y pourra jamais découvrir que ce que tout le monde y voit d'abord : un démêlé entre le trésorier et le chantre d'une petite église de province pour savoir « si un lutrin serait placé à un endroit ou à un autre ». Sujet mince et pourtant bizarre : son défaut est justement de n'être pas assez commun, en d'autres termes, assez humain. Mis en œuvre par un ouvrier habile comme Boileau l'a été ce jour-là, il amusera le curieux, le lettré, mais il n'intéressera point l'homme. L'éternel cœur humain, voilà le solide fond poétique qui soutient le poème de Gœthe, qui manque à celui de Boileau.

C'est pourquoi parlez-nous de matière « vieille, connue, empruntée, » car c'est la meilleure pour le vrai poète; mais évitez les expressions de matière insignifiante et mince, « réduite à un minimum, » car ces termes imprudents pourraient avoir l'inconvénient grave de faire oublier l'abîme qui sépare le vrai poète du versificateur ingénieux.

Boileau s'est vanté, dans la préface de son *Lutrin*, comme Racine dans les préfaces de plusieurs de ses tragédies, d'avoir choisi un poème « chargé de peu de matière » : mais il se faisait une singulière illusion s'il se figurait que le *peu de matière* de son épopée héroï-comique est analogue au peu de matière de la tragédie racinienne. *Le Lutrin* est mort aujourd'hui, à supposer qu'il ait jamais vécu, parce que la matière inerte dont il est formé n'est point de celles qui pouvaient donner et conserver la vie à un poème ; les tragédies de Racine sont toujours intéressantes et vivantes, parce que c'est le cœur humain qui palpite et qui respire en elles.

Sans doute la forme classique, comme toutes les formes littéraires, devait s'user à la longue et périr avec le temps. Si l'on veut savoir ce qui a causé au dix-huitième siècle la fin de sa glorieuse existence, c'est une adoration excessive d'elle-même qui, après l'apparition des chefs-d'œuvre du siècle de Louis XIV, condamnait la poésie française à se consumer dans l'imitation stérile de quelques ouvrages considérés comme le dernier mot de l'esprit humain et lui interdisait de chercher des aliments nouveaux dans la contemplation de la nature, dans l'étude curieuse de l'histoire, dans une observation psychologique plus étendue et plus profonde ou encore dans les littératures étrangères largement consultées et hospitalièrement accueillies. Mais il n'entre pas dans mon sujet de parler du dix-huitième siècle, et si j'en fais mention ici, ce n'est que pour signaler un point par lequel le siècle de Louis XIV lui reste *poétiquement* très supérieur et mérite, comparé à sa descendance immédiate, voire à son arrière-postérité, de conserver éternellement le nom de *grand siècle* que lui a donné la tradition.

Cette poésie supérieure de notre belle époque classique consiste dans l'idée si naïve et si pure qu'elle se faisait de l'art, la plus pure et la plus naïve, j'ose le dire, qu'aucun âge littéraire en ait jamais conçue.

En ce temps-là le poète n'était pas, comme au dix-huitième siècle, un apôtre, un missionnaire, un soldat, mettant la littérature au service d'une cause disputée et la faisant descendre des temples sereins de la contemplation sur l'arène poudreuse où l'on agit et où on lutte, ce qui est l'essence même et la gloire de la prose ; le poète en ce temps-là n'était pas non plus ce qu'on l'a vu être dans notre siècle, tantôt une victime fatale de son propre génie, ne s'appartenant plus à lui-même et livré en proie aux passions, ce qui est immoral et insensé ; tantôt un pontife parlant avec une gravité comique de son sacerdoce et affectant des airs de grand prêtre de Dieu sur la terre, ce qui est le comble du ridicule et du galimatias. Au siècle de Louis XIV. le poète était simplement un artiste consciencieux, cultivant l'art à cause de l'art. soignant son style par amour du style, visant à la perfection pour elle-même, un artiste dont la devise était « peu et bien », qui prenait tout le temps dont il avait besoin, et qui, après trois ans de travail, s'il lui fallait trois ans pour écrire quinze cents vers, livrait son œuvre au public avec ces mots : « Voici celle de mes tragédies que je puis dire que j'ai le plus travaillée[1]. »

Le poète, au siècle de Louis XIV, avait à cœur avant tout l'approbation du « petit nombre des gens sages » ; il écrivait pour un aréopage idéal composé de l'élite des plus grands esprits de l'antiquité, en se demandant sans cesse :

1. Racine, seconde préface de *Britannicus*.

« Que diraient Homère et Virgile, s'ils lisaient ces vers? que dirait Sophocle, s'il voyait représenter cette scène [1]? » Suprême distinction aristocratique, fleur d'élégance et de bon goût! et surtout candeur, ingénuité adorable! En quel temps l'art fut-il plus respecté et plus chéri? N'est-ce pas une époque poétiquement belle et charmante que celle où les poètes croyaient à la poésie avec une si entière simplicité de foi, lui vouaient un culte si désintéressé, l'aimaient enfin d'un amour si pur, si honnête et si pieux [2]?

Il faut nourrir le corps : avouée ou secrète, c'est en toute circonstance la première préoccupation de l'homme. Mais il vaut toujours mieux dans l'intérêt des belles-lettres, que l'entretien du corps ne dépende pas directement de l'activité de l'esprit, en d'autres termes, que la litté-

---

1. Racine, première préface de *Britannicus*.
2. « Si la naïveté est le caractère de toute grande littérature, de tout grand art, elle ne manque pas à notre dix-septième siècle. Je demande pardon du paradoxe, mais ces beaux courtisans, ces écrivains polis et raffinés sont naïfs; et ce qui me touche le plus dans Molière, Bossuet et Racine, c'est justement ce mélange d'art et de candeur dont leur vie porte aussi l'empreinte, ce charme incomparable du grand homme qui l'est sans s'en douter, sans se le proposer surtout, et par la seule supériorité du génie. » Scherer, *Etudes critiques de littérature*.

rature ne soit pas un métier. Généralement les écrits dont on vit ne vivent pas, et ceux au moyen desquels on bat monnaie et l'on fait fortune ne procurent pas à leur auteur autant de gloire durable que de richesse temporelle. Le péril de la littérature, quand elle fait gagner à l'homme soit son pain quotidien, soit des rentes et des châteaux, c'est de le pousser à une production excessive et hâtive. Je constate simplement cette tentation dangereuse, cette pente presque fatale, et je me garde bien de prétendre d'ailleurs qu'il ne se soit quelquefois trouvé des natures assez vaillantes et assez solides pour résister à l'entraînement. La condition la plus favorable à la poésie est celle où l'écrivain n'a pas la moindre violence à se faire pour pratiquer, comme une constante habitude, ces deux excellents préceptes de Boileau :

>Travaillez à loisir...
>Travaillez pour la gloire...

Or, c'était là précisément la condition des gens de lettres sous le règne de Louis XIV. Le système des pensions, non plus intermittentes et capricieuses comme jadis, mais régulièrement servies par le roi, au nom de l'État, comme une sorte de redevance publique, épargnait au poète d'une part. l'aiguillon des besoins matériels d'autre part, la périlleuse tentation d'exploiter son talent comme un capital, en lui permettant de travailler *à loisir* et de travailler *pour la gloire* Sans doute, son indépendance n'était que relative; mais dans quel système et sous quel régime l'homme de lettres jouit-il d'une indépendance absolue? Il vaut peut-être mieux dépendre d'un grand roi que d'un libraire qui ne vous paie pas d'un directeur de revue, despote au petit pied ou d'un souverain naturellement médiocre et borné comme la foule.

Par une fortune extrêmement heureuse pour l'honneur de la poésie française, le prince qui faisant aux poètes de si précieux loisirs. avait droit à toute leur reconnaissance. possédait un assez grand prestige personnel et a régné avec assez de gloire, au moins pendant un quart de siècle, pour justifier dans une certaine mesure un concert d'admiration et de louanges qui ne serait sans cela qu'une basse et dégoûtante flatterie. Boileau, le plus honnête homme de notre littérature, a su maintenir, à travers l'exagération convenue de l'éloge officiel, toute l'indépendance, parfois toute la rudesse de son franc parler, et c'est avec vérité qu'il a pu se rendre le témoignage suivant dans son *Discours au Roi* :

> On ne me verra point d'une veine forcée,
> Même pour te louer, déguiser ma pensée,
> Et quelque grand que soit ton pouvoir souverain,
> Si mon cœur en ces vers ne parlait par ma main,
> Il n'est espoir de biens, ni raison, ni maxime,
> Qui pût en ta faveur m'arracher une rime [1].

Je relève l'un après l'autre les caractères poétiques du siècle de Louis XIV, je réfute les objections que le goût du jour accumule contre la littérature de ce grand siècle au nom de je ne sais quelle définition de la poésie, et pour continuer la suite de mes réponses, c'est une assez pauvre critique en vérité que celle qui reproche à nos poètes classiques de n'avoir pas su peindre les objets extérieurs par des traits matériels parlant à l'imagination.

Il est vrai que notre dix-neuvième siècle a fait des prodiges dans cet art mixte où la poésie,

---

[1]. Cité par M. Nisard, *Histoire de la littérature française*, neuvième édition, tom. II, pag. 397. Je n'ai pas relu sans plaisir et sans profit la partie de ce célèbre ouvrage qui est consacrée au siècle de Louis XIV; c'est de beaucoup la plus savoureuse et la plus substantielle du livre : tant il est vrai que la critique ne comprend bien que ce qu'elle aime!

empruntant à la peinture ses procédés et pour ainsi dire ses pinceaux, arrive, en l'imitant à l'égaler et à la surpasser. Nous avons vu en ce genre les merveilles les plus étonnantes, et je n'ai pas, Dieu merci, le puéril dessein de relever les autels de nos divinités classiques pour venir leur sacrifier notre admirable poésie contemporaine. Mais, quels qu'aient été les miracles accomplis de notre temps en prose comme en vers, la poésie et la peinture n'en demeurent pas moins deux arts théoriquement distincts et qu'il doit être toujours permis de distinguer aussi dans l'application.

La peinture représente spécialement des corps; la poésie, des sentiments et des actions. Ce n'est pas de Descartes, c'est d'Homère que date en poésie l'usage de peindre la beauté par des traits *indirects et subjectifs* qui nous la font connaître, non pas en elle-même, mais dans les effets moraux qu'elle produit. Lorsque Hélène enveloppée de son voile blanc, passe par une des portes de Troie, les vieillards assis sur la tour sont saisis d'admiration et murmurent entre eux : « Il ne faut point s'étonner que les Troyens et les Grecs aux belles cnémides endurent depuis si longtemps des maux pour une telle femme. »

Les descriptions les plus minutieuses de la beauté féminine disent moins à mon imagination, à mes sens, à mon cœur, que la vieille chanson du roi Henri « où la passion parle toute pure », ou que ce simple rondeau de Charles d'Orléans :

> Dieu, qu'il la fait bon regarder,
> La gracieuse, bonne et belle !
> Pour les grands biens qui sont en elle,
> Chacun est prest de la louer.
>
> Qui se pourroit d'elle lasser ?
> Toujours sa beauté renouvelle.
> Dieu, qu'il la fait bon regarder,
> La gracieuse, bonne et belle !
>
> Par deçà, ni delà la mer,
> Ne sçay dame ni damoiselle
> Qui soit en tous biens parfaits telle ;
> C'est un songe que d'y penser.
> Dieu, qu'il la fait bon regarder ! [1]

---

1. Cité par M. Louis Ducros, *Henri Heine et son temps*, à propos de la petite pièce suivante de Heine, qui ressemble en effet beaucoup à celle de Charles d'Orléans et qui montre bien, elle aussi, la supériorité du sentiment sur la description en poésie :
« Tu es comme une fleur, si gracieuse, si belle, si pure ! Je te contemple et une douce tristesse se glisse dans mon cœur.
« Il me semble que je devrais poser mes mains sur ta tête et prier Dieu de te conserver toujours si gracieuse, si belle, si pure. »

Hermann, amoureux, n'entreprend pas plus de décrire la beauté de Dorothée que Phèdre, amoureuse, n'a essayé de peindre la beauté d'Hippolyte. Il ne nous dit pas la couleur de ses yeux, de ses cheveux, la forme de son nez, de son menton, de sa bouche; mais il s'écrie : « Cette bouche, dont un baiser et un oui me rendraient à jamais heureux, un non, malheureux à jamais! »

Oh! combien Lessing a eu raison de dire : « Poètes, peignez-nous le plaisir, l'attrait, l'amour, le ravissement que produit la beauté, vous aurez peint la beauté elle-même. » Mais hélas! quel héros bienfaiteur de la littérature viendra la délivrer du vain labeur des descriptions purement pittoresques, auquel elle semble s'être condamnée elle-même éternellement, depuis qu'Horace a formulé son trop fameux aphorisme, si plein de dangers et d'erreurs funestes : *ut pictura poesis?* On peut prédire un immense succès d'enthousiasme et de reconnaissance au premier brave écrivain assez fort, indépendant et sensé pour rompre avec une longue et détestable tradition et pour rendre à la partie morale et dramatique, dans la poésie et dans le roman, toute la place usurpée par la partie descriptive. Mme de Sévigné souhaitait de faire un bon bouillon du livre de Nicole : que je voudrais de même pouvoir faire avaler le *Laocoon* de Lessing à tant d'incorrigibles barbouilleurs de papier qui, depuis que ce chef-d'œuvre a été écrit, persistent à se méprendre avec un si complet aveuglement sur les limites des domaines respectifs de la poésie et de la peinture ! A quelle imagination rare et privilégiée toutes ces longues descriptions sansaction et sans mouvement dont on nous assomme ont-elles donc jamais présenté un tableau quelque peu distinct ?

L'art propre du poète n'est pas d'imposer à notre imagination une certaine manière de voir qu'elle ne peut pas changer ; c'est, au contraire, de mettre notre imagination en mouvement et en liberté. Et voilà pourquoi les indications abstraites et sommaires ne sont pas en poésie une chose aussi maladroite qu'on le prétend ou qu'on l'insinue. Si Mme de La Fayette nous dit que les hommes de la cour de Henri II étaient parfaitement beaux et les femmes parfaitement belles, Virgile n'est pas plus précis lorsqu'il donne à Didon l'épithète de *pulcherrima*, Homère n'est pas plus instructif lorsqu'il nous apprend que les bras de la blonde Hélène étaient beaux. Il y a au contraire un matérialisme très lourd, une contrainte fort peu poétique venant peser sur l'imagination, dans ce luxe d'indications minutieuses que l'école réaliste a introduites au théâtre et dans toute la littérature et qui ne nous font grâce d'aucun détail sur les traits, la physionomie, la taille, l'âge, la tenue les gestes et le costume des personnages.

La puissance de la poésie est double : elle se compose de ce qu'elle exprime et de ce qu'elle suggère.

Certains poètes sont riches d'expression, mais médiocrement *suggestifs*, et j'avoue que Boileau, quand il écrit bien, est de ce nombre. D'autres poètes, au contraire, tels par exemple que Lamartine, suggèrent beaucoup, mais expriment peu : sans dire explicitement grand'chose, ils ouvrent un monde à la rêverie. La poésie de Racine est plus complète que celle de Lamartine et que celle de Boileau; elle ajoute à la plénitude du sens, à la force et à la clarté d'expression qui caractérisent l'art classique, ce quelque chose de suggéré, cet *au delà*, cet infini qui plaît à l'imagination romantique.

Les mots ne sont pas seulement les signes

des choses : ils sont aussi les centres de certaines associations d'idées, et l'art du grand poète est de susciter, au moyen d'un mot bien choisi et bien placé, tout un groupe d'idées poétiques. Cet art, Racine l'a possédé au suprême degré[1]. Personne n'a jamais eu un sentiment plus délicat et plus fin de la note qu'il fallait toucher, du son qu'il fallait faire entendre. L'incomparable musique du vers racinien est généralement reconnue : mais on n'apprécie pas, on ne comprend pas assez la valeur *poétique* de cet élément musical : valeur immense, car elle consiste dans la *quantité infinie d'idées et de sentiments suggérés*, qui établit une différence si profonde entre l'expression quelconque des choses et l'art de les dire d'une certaine façon.

La musique des vers de Racine, a dit Vinet, ajoute aux idées une seconde expression. J'ose aller plus loin et soutenir que cette seconde expression l'emporte souvent sur la première en richesse et en profondeur, de toute la supériorité qu'a le langage de la musique, par le fait même de sa puissante obscurité, sur le lan-

---

[1]. « L'art de Racine est un art un peu voilé, qui ne dit pas tout, mais qui fait d'autant plus deviner. Il n'est en rien plus riche qu'en aperçus indiqués aux lecteurs attentifs. »
Rambert, *Corneille, Racine et Molière*

gage trop précis et trop clair du plus immatériel des arts. La musique, faible en clarté pour l'entendement, faible en valeur intelligible et logique. est absolument incomparable entre tous les beaux-arts par la force pénétrante de son action sur notre nature imaginative et sensible, et si la poésie, à cet égard. vient ensuite. c est à ce qu'elle a de musique en elle qu'elle le doit L'élément musical, d'une si essentielle importance en poésie, voilà (pour le dire en passant) ce qui rend Racine, comme tout vrai poète, intraduisible. On peut toujours traduire ce qui s'adresse à l'esprit par les mots ; mais ce qui s'adresse à l'âme par les sons, quel artiste, quel génie, quelle fée en pourra reproduire les mystérieux effets, les nuances et les délicatesses infinies ?

Phèdre meurt dans mes bras d'un mal qu'elle me cache,

dit la nourrice de Phèdre, OEnone, dans un vers sans muscles pour ainsi dire, humide et amolli comme un sanglot, où l'allitération de la consonne *m* quatre fois répétée a une valeur musicale bien sensible pour toute oreille un peu délicate. Ainsi annoncée, nous voyons en effet la reine entrer ou plutôt se traîner, appuyée sur le bras de sa nourrice :

> N'allons point plus avant. Demeurons, chère OEnone.
> Je ne me soutiens plus : ma force m'abandonne.
> Mes yeux sont eblouis du jour que je revoi,
> Et mes genoux tremblants se derobent sous moi.
> Hélas !

Les vers sont haletants, essoufflés, comme la respiration même de la malade ; mais lentement elle se redresse, sa main écarte d'un mouvement fiévreux tous ces vains ornements, ces voiles qui lui pèsent ; en même temps sa voix s'élève et sa plainte retentit, aiguë, prolongée et perçante, sur une note gémissante en i[1] :

> Tout m'afflige et me nuit, et conspire a me nuire.

Phèdre est debout. Le ressentiment de la persécution dont elle est victime lui a rendu pour un instant la force avec la dignité, et, dans toute sa majesté de reine, avec toute l'ampleur. toute la gravité triste qui conviennent à une telle invocation, elle s'adresse au soleil, ancêtre de sa race :

---

1. V. Becq de Fouquieres, *Traité général de versification française*, p. 263

> Noble et brillant auteur d'une triste famille,
> Toi, dont ma mère osait se vanter d'être fille,
> Qui peut-être rougis du trouble où tu me vois,
> Soleil, je te viens voir pour la dernière fois.

Tout d'un coup, Phèdre tombe dans une profonde rêverie. Elle pense à Hippolyte, dont elle n'ose prononcer le nom, mais que son imagination lui montre occupé à ses jeux favoris, la chasse, le maniement des chevaux :

> Dieux ! que ne suis-je assise à l'ombre des forêts !
> Quand pourrai-je, au travers d'une noble poussière,
> Suivre de l'œil un char fuyant dans la carrière ?

L'écho de ce dernier vers indéfiniment prolongé n'éteint que peu à peu ses vibrations dans l'espace, comme le bruit même des roues du char d'Hippolyte, ou comme la poussière soulevée qui roule dans l'air lourd et retombe lentement. Diderot disait en parlant de ce vers merveilleux, plus poétique à lui seul que toute la poésie du xviiiᵉ siècle : « Je m'estime davantage d'en sentir le prodigieux mérite que de quelque chose que j'aie pu écrire dans ma vie. »

La rêverie de Phèdre continue. Elle passe en revue toutes les victimes de l'amour que compte sa malheureuse famille :

> Ariane, ma sœur, de quel amour blessée.
> Vous mourûtes aux bords où vous fûtes laissée !

Schiller, traducteur de la *Phèdre* de Racine, a rendu ces deux vers de la manière suivante :

> O Ariadne, Schwester, welch Geschick
> Hat Liebe dir am öden Strand bereitet !

Cette traduction conserve le sens intelligible de la plainte de Phèdre, c'est-à-dire un élément d'une certaine valeur sans doute, mais qui, dans la valeur totale des deux beaux vers de Racine, peut s'exprimer par le rapport de *un à cent millions*. Celui qui ne sent pas la distance « infiniment infinie » qu'il y aura toujours entre cet immortel distique et la meilleure traduction de l'idée qu'il renferme, celui-là pourra se distinguer dans plusieurs branches honorables de l'industrie ou du commerce : mais que le ciel nous préserve de ses jugements en musique et en poésie !

Le sentiment de la nature, prétendent les critiques, est absent du théâtre de Racine : il est vrai qu'il ne s'y trouve pas ouvertement exprimé ; mais, de ce que la poésie du xviie siècle ne se répandait guère sur l'univers physique, il ne faut point conclure que les poètes du xviie siècle fussent indifférents à ses merveilles ; le culte de Dieu manifesté dans la création était chez eux comme un foyer caché dont la chaleur se communiquait à leurs œuvres ; nous savons par l'histoire de la vie de Racine qu'il était personnellement aussi sensible que La Fontaine aux beaux spectacles de la nature [1], et si le poète n'a pas été *explicite* sur ce point, je soutiens qu'il s'est montré *suggestif* autant qu'il était possible de l'être dans le système de notre théâtre classique :

De cette nuit, Phenice, as-tu vu la splendeur ?
Tes yeux ne sont-ils pas tout pleins de sa grandeur ?

La suite nous interdit d'appliquer ces deux vers à une nuit étoilée ; il s'agit, et je le regrette

---

1. La Fontaine écrit dans *les Amours de Psyche* : « Acante (c'est par ce nom qu'il désigne Racine) aimait extrêmement les jardins, les fleurs, les ombrages. *Polyphile* (c'est La Fontaine lui-même) lui ressemblait en cela... Ces passions, qui leur remplissaient le cœur d'une certaine tendresse, se répandaient jusqu'en leurs écrits, et en formaient le principal caractère. » Il nous montre *Acante* s'arrêtant le soir à considérer les dernières beautés du jour, « ce gris de lin, ce couleur d'aurore, cet oranger et surtout ce pourpre qui environnent le roi des astres. » M. Paul Mesnard fait à ce propos une réflexion excellente : « C'est, dit-il, le trait poétique de Racine qu'il est le plus curieux peut-être de voir ici bien fixé, parce que lui-même, dans ses œuvres, *n'a pas eu occasion de le manquer autant que les autres.* »
(Notice biographique sur Jean Racine, p. 65.)

d'une illumination, embellie par la présence de
Titus ; mais il suffit que notre imagination ait
eu la vision de ces étoiles, de cette splendide
nuit naturelle, et l'ineffable musique de cette
poésie céleste la *suggère* infailliblement.

Je ne pense pas que personne reproche sérieusement à Racine, comme une habitude prosaïque, de ne rien dire de trop et de mettre chaque chose en sa place. Mais il y a, ou du moins il y a eu, dans l'imagination de notre jeunesse romantique, une indulgence, plus que cela, un enthousiasme pour l'excès, qui nous a rendus froids pour les qualités d'ordre et de mesure. Ce ne peut être qu'une aberration momentanée du jugement et du goût. L'art de composer ne fait pas moins partie du génie poétique que la puissance de créer, et il en est l'indispensable complément. Je sais bien que Victor Hugo, dans son livre sur Shakespeare, a, de son rire de Titan, raillé l'économie, louant à grand bruit le poète anglais de n'avoir pas de « caisse d'épargne » Mais je ne suis point frappé du ridicule qu'il peut y avoir, en littérature comme ailleurs, à bien administrer sa fortune.

Le fait est que le propre du génie romantique

est de *déborder*, de ne pas se contenir entre de justes bornes, de ne vouloir ni se tracer un cercle ni se fixer une limite. Ses productions ne sont point de celles qui s'avancent à pas réguliers et comptés vers un terme nécessaire. Il n'y a aucune raison intérieure de composition et d'art pour que les méditations d'Hamlet ou les doléances de Werther ne se prolongent pas indéfiniment. L'art classique, au contraire, s'enferme volontairement dans un cercle étroit dont il ne sort point. Il se pique de ménager le temps et l'espace et d'offrir dans un cadre restreint le développement logique d'une action complète. Rapidité et concentration : voilà son mot d'ordre. Ses beautés ne sont pas des beautés de hasard et de rencontre, mais des beautés de *déduction*. Telles sont celles d'un poème que je ne me lasse pas de citer, *Hermann et Dorothée*, parce qu'étant un des chefs-d'œuvre les plus accomplis de l'art classique et présentant une perfection de structure analogue à celle des constructions raciniennes, il me fournit un argument contre les personnes assez inconséquentes pour appeler Gœthe un grand poète et refuser ce nom à Racine.

La beauté du plan n'est pas moins admirable

en poésie qu'en architecture : pourquoi parler ici de raison philosophique et oratoire ? depuis quand la logique est-elle incompatible avec les beaux-arts ? L'architecture grecque, a dit M. Renan, est « la logique appliquée à l'art de bâtir ». Et la poésie grecque ? prétendra-t-on qu'elle excluait la logique ? Racine n'est ni un orateur ni un raisonneur ; il est tout simplement le plus grand artiste qui ait composé des ouvrages dramatiques depuis Sophocle, et *Athalie* est la plus belle composition que le théâtre ait vue depuis *Œdipe-roi*.

Est-il vrai que les tragédies de Racine manquent d'action et soient toutes en discours ? que ses personnages manquent de vie et nous offrent, au lieu d'individus, des abstractions personnifiées ? Avant de répondre à cette question, je voudrais bien en faire une aussi et demander chez quel grand poète, sur quelle illustre scène tragique on trouve cette action et cette vie dont on regrette l'absence dans le théâtre de Racine ?

Ce n'est sans doute pas chez Corneille, encore bien plus porté que Racine à raisonner et à discourir ; Corneille, dont presque tous les hommes sont des êtres supérieurs ou étrangers à la nature humaine, c'est-à-dire des fictions sans réalité, et dont toutes les femmes. à deux ou trois exceptions près. sont des hommes.

Ce n'est pas non plus dans la haute tragédie grecque, où l'action et les personnages ont un caractère de généralité si élevé que les faits et gestes des individus perdent leur importance devant l'antagonisme sublime des puissances morales ou des dieux. Euripide et Voltaire jettent dans leur théâtre plus d'animation extérieure qu'il n'y en avait eu chez leurs grands devanciers. mais leur apostolat philosophique y répand la froideur au fond.

Cherchera-t-on la vie dans le théâtre de Gœthe suite d'études et d'essais, monument composite. œuvre de curieux plus que de créateur, où ce grand et incomparable lettré a imité tour à tour Shakespeare, Sophocle et Racine ? La vie ! on la trouvera encore moins dans le théâtre idéaliste de Schiller. Un soir qu'il avait assisté à une lecture en famille du drame de *Wallenstein* M. Doudan écrivait :

« On a été ici fort peu juste pour Schiller. On dit que cela n'est pas vivant et on croit prononcer par là un arrêt de mort contre une tragédie. Il n'y a rien de moins vivant que la tragédie ancienne et la tragédie ancienne est fort belle. Croyez-vous que si vous invitiez Antigone à dîner, elle fût capable d'aller sur ses pieds du salon à la salle à manger, quand même M. Boissonade et M. Schlegel lui donneraient le bras pour la soutenir ?... L'art vole et ne mange pas et ne marche pas... C'est cette fausse théorie des êtres vivants qui nous a valu toutes les abominations de nos jours. J'aime incomparablement mieux que vous soyez de ce marbre blanc, immobile, éthéré, qu'on appelle l'Apollon, que si vous étiez capable de manger six livres de pain et un dindon rôti, et de sauter un fossé de quinze pieds. Il y a du dindon rôti au fond des principes nouveaux de l'esthétique de nos jours. »

Cette esthétique dont parle M. Doudan n'a cependant pas eu grand succès dans l'application de ses principes au théâtre ; car il y a, quoi qu'en dise le spirituel écrivain, quelque chose de moins vivant encore que la tragédie ancienne : ce sont les drames de Victor Hugo. On ne peut trop en admirer le style, la poésie, la splendeur pittoresque : mais aussi on ne dira jamais assez combien superficiel et artificiel est un système où le drame consiste dans un choc violent d'antithèses monstrueuses ; où le mouvement et la richesse du spectacle cachent aux yeux la pauvreté d'action intérieure et morale ;

où la rhétorique a la parole comme elle ne l'avait jamais eue au xviie siècle, et où des monologues interminables et invraisemblables nous font regretter les confidents. Ni Hernani ni don Carlos, ni doña Sol, ni Ruy Blas, ne sont des personnages vivants. Lorsqu'une figure a du relief, comme don César de Bazan ou Triboulet, c'est le genre de relief des bonshommes de Callot.

Je ne vois en somme que le théâtre de Shakespeare où l'on puisse trouver, contre le prétendu manque d'action et de vie qu'on reproche à celui de Racine, des exemples authentiques de l'une et de l'autre.

Je reviens maintenant à Racine, et j'ose dire premièrement, que son théâtre nous offre la perfection même de l'action dramatique ; en second lieu, que la vie individuelle de ses principaux personnages est une chose que les esprits non prévenus ne peuvent méconnaître et qui a de quoi frapper d'étonnement les esprits qui réfléchissent.

Il ne faut pas confondre l'action dramatique avec le mouvement théâtral. Il y a, il est vrai, peu de mouvement sur la scène classique ; mais j'avoue que je ne comprends pas ce que la poésie peut y perdre. Quand Pylade, racontant la mort d'Hermione, dit qu'il l'a vue

> Un poignard à la main, sur Pyrrhus se courber,
> Lever les yeux au ciel, se frapper et tomber,

ces deux vers me suffisent, ils me disent tout, et je n'ai aucun besoin du spectacle matériel de ce suicide. Je n'ai pas besoin non plus de voir avec les yeux de mon corps le célèbre tableau si vivement retracé par Josabet et où la poésie de Racine a cette fois vaincu la peinture en l'imitant, mais en l'imitant de la seule bonne manière, qui est d'y ajouter le mouvement et l'action :

> De princes égorgés la chambre était remplie...
> Joas, laissé pour mort, frappa soudain ma vue.
> Je me figure encor sa nourrice éperdue,
> Qui devant les bourreaux s'était jetée en vain,
> Et faible le tenait renversé sur son sein.
> Je le pris tout sanglant. En baignant son visage,
> Mes pleurs du sentiment lui rendirent l'usage ;
> Et soit frayeur encore, ou pour me caresser,
> De ses bras innocents je me sentis presser.

Le mouvement du spectacle est donc faible sur la scène classique, et c'est au profit de l'expression poétique ; mais le drame intérieur, l'action qui se passe dans l'âme des personnages est quelque chose de si intense et de si puissant que l'incomparable théâtre de Shakespeare, d'une richesse poétique tellement supérieure à tant d'autres égards, ne devient ici que l'égal du nôtre. Ce drame intérieur est l'essence de la tragédie *chrétienne* ou *romantique* dans son contraste avec la tragédie antique et païenne, et il présente chez Racine une telle perfection que, pour bien caractériser la différence des deux tragédies, de l'ancienne et de la moderne, la critique a pu trouver dans son théâtre un type de comparaison plus complet, à ce point de vue essentiel, que dans celui même de Shakespeare[1].

Le développement psychologique de l'action est, en définitive, la seule chose qui soit digne d'intéresser au théâtre des spectateurs intelligents. Franchement, il faut une grâce d'état ou une robuste éducation littéraire pour suivre avec plaisir dans les deux derniers actes d'*Othello* le spectacle des violences de ce More épileptique qui finit par étouffer de ses mains sa femme sous nos yeux. Le troisième acte, au contraire est de toute beauté, et il nous intéresse absolu-

---

1. Voir nos études sur *Shakespeare et l'Antiquité*. Seconde partie : *Shakespeare et les Tragiques grecs*.

ment de la même manière qu'une tragédie de Racine, en nous faisant assister au drame émouvant et terrible de l'âme passionnée d'Othello. Mais à partir du moment où la passion, arrivée à son paroxysme, est devenue de la démence, la pièce de Shakespeare manque de ce sérieux intérêt moral que l'art consommé de Racine sait toujours maintenir en progrès jusqu'au bout.

Il y a une raison bien connue pour que les personnages de Shakespeare aient une plus grande richesse de traits individuels, une physionomie plus complexe et plus nuancée que ceux de Racine, et paraissent par conséquent plus vivants : Shakespeare avait à sa disposition, pour développer son drame, des semaines, des mois, des années; Racine ne s'accordait qu'un jour. Mais ce qu'on doit justement admirer, c'est le miracle du poète donnant parfois à des figures si éphémères la vie et l'immortalité.

Narcisse ne paraît qu'un instant, et il reste gravé dans notre imagination en traits presque aussi ineffaçables que Iago. Néron, le tyran courtois, masquant sous des formes polies sa cruauté et sa volonté impérieuse, n'a pas besoin de parler et d'agir longtemps, il n'a pas besoin d'ajouter la laideur physique à la laideur morale pour laisser dans notre souvenir une image presque aussi nette que celle de Richard III. Cette merveilleuse création de Néron est un double miracle poétique, puisque, dans l'espace d'un jour et sans aucune gêne, le poète a su non seulement dessiner mais *développer* un caractère et conduire pas à pas le « monstre naissant » dans la carrière du crime [1].

Andromaque n'est pas un type abstrait de veuve et de mère; elle est une certaine femme. nous avons une idée du son de sa voix, de ses yeux « condamnés à des pleurs éternels », de son attitude à la fois séduisante, suppliante et digne; ainsi que Cordelia, elle exerce sur nous un charme personnel, indépendant de ses discours, et nous parle par son silence même.

Ces remarques sont loin d'épuiser ce qu'on

---

1. « Dans cette journée de vingt-quatre heures, de dix peut-être, l'auteur a si bien pris ses mesures que tout Néron passe devant nos yeux, depuis l'enfant vicieux et lâche qui tremble devant sa mère en s'excitant à la braver, depuis l'amoureux sensuel mêlé de despote méchant qui adore les pleurs qu'il fait couler, depuis le comédien fat qu'on décide au crime en humiliant son amour-propre d'artiste, jusqu'à l'assassin hypocrite et froid qui tue en souriant, jusqu'au parricide tranquille qui rêve le meurtre de sa mère en laissant tomber sur elle, nonchalamment, quelques mots d'ironie glacée » Emile Faguet, *La Tragédie française au* XVII*e siècle*

peut dire à l'honneur de Racine et de la poésie française au siècle de Louis XIV ; mais elles suffisent pour montrer qu'il y a quelque chose et même beaucoup à dire, qu'il ne faut pas accepter sans réserve certains jugements des critiques à la mode, et que notre grande époque classique se recommande par d'autres qualités que par la « raison oratoire ».

Aujourd'hui, quand on veut ramener les jeunes générations à l'intelligence et au goût des beautés que leurs arrière-grands-pères aimaient, et qu'elles ne sentent plus, l'usage est de leur parler ainsi :

« Racine et Boileau, leur dit-on, étaient des hommes du xviie siècle, et vous êtes des gens de la France actuelle. Autre temps, autres œuvres. Pour apprécier la littérature d'il y a deux cents ans, il faut vous replacer par l'étude de l'histoire dans le milieu qui l'a produite. Dépouillez donc vos préjugés d'hommes modernes et entrez dans l'esprit des temps passés. »

Cette méthode historique serait le dernier mot de la critique et de la sagesse, si elle n'avait pas le tort considérable de substituer l'intelligence plus ou moins lente et laborieuse des beautés littéraires au sentiment spontané du beau. Elle exagère parfois de la façon la plus étrange le travail et l'effort d'esprit qui seraient nécessaires, à l'en croire, pour goûter même notre xviie siècle. M. Taine n'a-t-il pas écrit ces lignes étonnantes :

« Pour admirer *Athalie* avec sympathie, il faut se pénétrer de passions éteintes depuis deux siècles, relire la correspondance des évêques et des intendants, les procès-verbaux des assemblées du clergé, les demandes universelles et perpétuelles de persécution, les louanges dont Bossuet comble le chancelier qui scelle la salutaire mesure »

Quoi! pour admirer *Athalie* il faut lire tout cela ! j'aime mieux alors ne pas l'admirer.

Dernièrement encore, dans sa leçon d'ouverture, un professeur célèbre, visiblement embarrassé de faire aimer Racine à ses auditeurs, prétendait que, lorsqu'on se propose d'étudier son théâtre, il faut se remettre devant les yeux les cours d'amour du moyen âge, les romans de chevalerie, l'*Astrée*, l'hôtel de Rambouillet, les samedis de Mlle de Scudéry et ses romans, particulièrement *le Grand Cyrus* et la *Clélie*, enfin les romans de Mme de La Fayette, non seulement *la Princesse de Clèves* (1678), mais *la Princesse de Montpensier* (1660) et *Zaïde* (1670). Puis il parlait de la mode, qui varie dans l'expression de l'amour, « comme dans les robes et dans les chapeaux ! » Jolie comparaison ! Remarque heureuse et bien trouvée ! S'il y a, au contraire, dans le théâtre de Racine quelque chose de plus admirable que tout le reste, c'est justement de contenir des peintures de l'amour qui, par leur vérité, leur poésie, leur humanité éternelles, ont résisté à tous les changements de la mode, si capricieuse en France, cela est vrai, dans le langage qu'elle donne à cette passion.

Ce quelque chose d'éternellement vrai, d'éternellement poétique, d'éternellement humain, voilà l'élément simple que la méthode historique oublie dans le travail de préparation plus ou moins compliqué par lequel elle veut rendre accessible la beauté littéraire, et ne réussit trop souvent qu'à l'éloigner et l'ajourner à tout jamais.

S'il est utile de faire intervenir l'histoire pour *comprendre* parfaitement bien la littérature française du siècle de Louis XIV, cela ne nous est point nécessaire pour l'admirer et pour l'aimer. Nos poètes classiques avaient l'ambition d'exprimer une vérité, une beauté qui fussent intelligibles et sensibles à tous les âges ; ils ne sont pas restés au-dessous de leur ambition.

III

VICTOR HUGO ET LA POÉSIE FRANÇAISE

AU XIXe SIÈCLE

III

VICTOR HUGO ET LA POESIE FRANÇAISE

AU XIXᵉ SIÈCLE.

L'année 1885 a vu disparaître l'homme qui fut tout au moins le plus grand poète français du xixᵉ siècle.

Six jours après sa mort, le 27 mai, encore tout ému de l'écroulement de cette grande existence et du concours magnifique de tant d'hommes accourus de toutes les parties du monde civilisé pour changer ses funérailles en apothéose, je disais à quelques jeunes gens assez étonnés de mes hyperboles (car la génération qui s'élève est plus froide que son aînée) :

« A l'étranger comme en France, la personne de Victor Hugo occupait non pas seulement une place de premier rang, mais la place la plus haute et la plus brillante. Et c'est pourquoi quelques honneurs que l'on rende aujourd'hui à sa dépouille et à sa mémoire, qu'on ne nous parle point de mesure à garder! *Demain* fera toutes les réserves qu'il voudra; *aujourd'hui* appartient sans la moindre restriction à l'enthousiasme et au culte. Quoi que l'on dise, quoi que l'on fasse, dans un tel cortège de la France et du monde menant au tombeau son plus grand homme, aucune exagération n'est possible. »

Le temps, si rapide de nos jours, serait-il déjà venu de juger l'œuvre de l'illustre mort du mois de mai, sans exagération, sans passion et comme on juge les monuments d'un autre âge?

Une des preuves les plus éclatantes de la grande action exercée par Victor Hugo sur son siècle, c'est qu'à partir du moment où il est devenu le chef d'une école, d'une armée littéraire, l'apôtre et le modérateur d'une révolution de la poésie et de la langue, il n'a plus été possible de parler de lui froidement. Les plus violentes hyperboles dans les deux sens se sont croisées avec fureur sur son nom changé en retentissant cri de guerre. Il fut de ceux qui, selon l'expression de l'Évangile, « sont venus apporter au monde non la paix, mais l'épée ». Jamais poète n'a été, de son vivant, plus exalté et plus conspué. Et les injures n'étaient pas moins agréables que les louanges à son orgueil superbement confiant dans l'avenir. Il a écrit ces fières paroles dans la préface de *Paris-Guide* :

L'artiste et le poète ne souhaitent pas trop n'être point contestés. Être discuté, c'est traverser l'épreuve. Épuiser de son vivant la contradiction est utile. Le rabais qui n'aura pas été essayé sur vous votre vie durant, vous le subirez plus tard. A la mort, les incontestés décroissent et les contestés grandissent. La postérité veut toujours retravailler à une gloire.

Non seulement on s'est querellé avec emportement au sujet de Victor Hugo entre admirateurs à outrance et adversaires de parti pris, mais on a vu les mêmes hommes, les mêmes critiques, lorsqu'ils exprimaient sur ce poète extraordinaire un jugement sincère et naïf, se contredire et passer presque immédiatement d'un sentiment extrême au sentiment tout opposé. Ces contradictions ont toujours fait le scandale des esprits pondérés et froids ; elles n'en sont pas moins naturelles et pas moins légitimes : elles ont leur raison d'être, d'une part dans une heureuse vivacité du sens littéraire, quand il est resté pur, d'autre part dans la nature même de l'œuvre et du génie d'un poète chez lequel la médiocrité n'a point de place, et qui aimait mille fois mieux faire violence au goût qu'être trouvé fade et insignifiant.

Mais les jugements passionnés ne sont tout à fait de saison que du vivant de l'homme qui les provoque. Sa présence, son activité excitent la critique, qui espère le piquer au vif et l'avertir utilement, en faisant parvenir jusqu'à lui le cri de souffrance d'une admiration blessée. Aujourd'hui, depuis plus de huit mois[1] (longue période par le temps qui court), depuis plus de huit mois que Victor Hugo est mort rassasié de jours, ayant achevé son œuvre vainqueur de tous ses ennemis, comblé enfin d'une gloire véritablement plus qu'humaine et qui était comme l'acclamation unanime du monde civilisé le disant immortel, le faisant dieu, il est devenu désirable et il commence sans doute à être possible de mesurer ce qu'il fit et ce qu'il fut avec plus de calme et de précision.

[1] Écrit en janvier 1886.

I

COUP D'ŒIL SUR L'ŒUVRE DE VICTOR HUGO :
SON ÉTENDUE ET SA VARIÉTÉ.

Une première constatation, aisée à faire et superficielle sans doute, mais qui a sa portée, c'est que l'œuvre de Victor Hugo est d'une étendue considérable. Quarante-six volumes composent la série des ouvrages qu'il a lui-même publiés, et si nous y ajoutons la suite, presque aussi longue à ce qu'on assure, des publications inédites et posthumes, le total de cette production immense a de quoi confondre notre petitesse. Ce puissant écrivain, exemple au moins d'activité et de volonté persévérante, ne s'est point reposé ; il n'a cessé, à aucun moment de sa longue carrière, de travailler et de produire. On peut lui appliquer les poétiques images par lesquelles il a peint lui-même la fécondité inépuisable et l'incessante activité de Shakespeare :

Son écritoire fume comme un cratère. Il est toujours en travail, en fonction, en verve, en train, en marche. Il a la plume au poing, la flamme au front, le diable au corps... Shakespeare n'a point de réserve, de retenue, de frontière, de lacune Nulle caisse d'épargne. Il ne fait pas carême. Il déborde comme la végétation, comme la germination, comme la lumière, comme la flamme.

Victor Hugo n'avait pas assez de mépris assez de railleries pour un mot du vocabulaire des critiques qui est, en effet, malheureux, et que, pour ma part, j'hésite toujours à employer depuis que je lui en ai entendu faire une exécution impitoyable : c'est le mot *sobriété*. Un traducteur de l'*Iliade* (je ne sais lequel) loue dans sa préface la sobriété d'Homère. Ce bizarre éloge faisait perdre à Victor Hugo toute patience. « Faut-il donc, s'écriait-il en levant les bras au ciel, qu'Homère tombe entre les mains de pareils... » j'aime mieux ne pas répéter l'épithète. Il s'est moqué de la sobriété et de ceux qui admirent cette équivoque vertu littéraire, dans la page la plus mordante de son *William Shakespeare*.

« — Il est réservé et discret. Vous êtes tranquille avec lui ; il n'abuse de rien. Il a, par-dessus tout, une qualité bien rare il est sobre. » — Qu'est ceci? Une recommandation pour un domestique? Non. C'est un éloge pour un écrivain. Voulez-vous faire l'*Iliade?* Mettez-vous à la diète... Point d'exagération. Désormais le rosier sera tenu de compter ses roses. La prairie sera invitée à moins de pâquerettes. Ordre au printemps de se modérer. Les nids tombent dans l'excès. Dites donc, bocages, pas tant de fauvettes, s'il vous plaît. La voie lactée voudra bien numéroter ses étoiles ; il y en a beaucoup...

Sortie spirituelle et juste, à condition, comme pour toutes les vérités partielles, que l'on fasse pénétrer dans celle-ci la vérité contraire destinée à la corriger et à la compléter. Or, la vérité non moins juste qu'il convient d'opposer à la brillante boutade du poète, c'est qu'il y a deux sortes de... sobriété? non, j'aime mieux dire deux sortes d'économie.

Si l'économie contrainte du pauvre est chose piteuse et lamentable à voir, l'économie volontaire et intelligente du riche peut n'avoir rien de mesquin ni de sot. Une grande fortune bien administrée n'est pas plus ridicule en littérature qu'ailleurs. La profusion, le gaspillage n'accompagnent pas nécessairement l'opulence ; il n'est point défendu, même au millionnaire, d'avoir des goûts simples et de faire régner l'ordre dans sa maison. Un objet de prix, discrètement isolé de tout voisinage trop luxueux qui lui ferait tort en l'écrasant, est comme ces mots dont Boileau félicitait Malherbe avec raison d'avoir su faire ressortir toute la valeur en les mettant bien à leur place. L'historien anglais Lord Macaulay nous apprend que, dans les îles à épices, les Hollandais, gens avisés, abattirent une partie des arbres précieux, afin d'augmenter le prix de ceux qu'ils laissaient debout. « La moitié est souvent plus que le tout, » a dit la sagesse antique ; ce paradoxe du vieil Hésiode est, en littérature, un axiome.

Cette réserve faite, je reviens à la volumineuse étendue de l'œuvre de Victor Hugo et je dis que cette prodigalité magnifique, cette fécondité débordante doit être admirée pour elle-même et parce qu'elle est à elle seule un signe de force, de santé, d'allégresse, de génie.

Les écrivains qui ne sont pas puissants, qui ne sont que délicats font ici la petite bouche et demandent : Que restera-t-il de toute cette écriture? — *Que restera-t-il?...* cette question est un des trois lieux communs auxquels se réduit la critique courante sur Victor Hugo, la conversation banale des gens du monde. Premier lieu commun : Victor Hugo a fait de beaux vers ; second lieu commun : il en a fait aussi et beaucoup de mauvais ; troisième lieu commun : qu'en restera-t-il ?

Ce qu'il en restera, bonnes gens ? rassurez-vous. Il en restera plus qu'il ne faudrait pour faire la fortune littéraire de dix, de vingt, de trente, de cent de ces dégoûtés qui se récrient à presque toutes les pages du poète et du prosateur. Faites aussi grande que peut l'exiger la plus sévère censure la part du fatras périssable dans le bagage littéraire de Victor Hugo, vous m'accorderez bien qu'il restera toujours de quoi composer au moins un volume de ses œuvres choisies [1]. Or, *un* volume, c'est plus qu'il n'en faut pour l'usage de la postérité paresseuse. L'épuration terrible dont on menace les *quarante-six* volumes de Victor Hugo comme d'une sorte de vengeance et de mesure exceptionnelle, ne sera rien de plus, ne vous y trompez pas, que la règle uniforme invariablement appliquée

---

1. La meilleure chrestomathie de Victor Hugo est celle qu'a fait paraître à Leipzig, en 1884, M. Martin Hartmann. Le même auteur vient de publier une table chronologique très détaillée de tous les ouvrages du poète et des faits saillants de sa vie.

depuis la plus haute antiquité à tous les grands
et féconds écrivains qui ont laissé un bagage
considérable. Que lit-on aujourd'hui de Corneille, de Voltaire, de Rousseau, de Chateaubriand, de Lamartine? Que lit-on de Shakespeare? Que lit-on de Gœthe? Moins peut-être
qu'on ne lira de Victor Hugo, pas plus selon
toute probabilité : nous n'en demandons pas
davantage.

La variété des talents et des œuvres n'est pas
moins frappante à première vue chez notre poète
que l'abondance de la production.

L'éducation moderne tendant à diviser de
plus en plus le travail et les aptitudes, Hugo
aura peut-être été dans notre littérature le
dernier exemple d'un génie presque universel.
Ode, ballade, élégie, narration épique, satire.
drame, épître. roman, voyages, histoire, critique littéraire. philosophie, éloquence : quel
genre de vers ou de prose sa plume n'a-t-elle
pas essayé? Tout à fait supérieur dans quelques-uns, il a brillé dans tous d'un vif et singulier éclat.

S'il faut bien reconnaître que son théâtre
n'égale pas celui de Shakespeare pour l'ampleur

des peintures de la vie humaine. ni celui de Corneille pour la grandeur morale, ni celui de Racine pour la profondeur et la vérité psychologique ; s'il est permis de trouver que la poésie purement lyrique et religieuse a, dans Lamartine, un représentant peut-être plus parfait ; si l'auteur étonnant de *Notre-Dame de Paris* ne paraît pourtant pas destiné à être l'écrivain que l'avenir placera le premier sur la liste des admirables romanciers du dix-neuvième siècle ; si enfin nous avons eu sans nul doute de meilleurs critiques, des penseurs plus originaux et de plus grands orateurs : n'est-ce pas un incomparable titre de gloire d'avoir entrepris tant d'essais divers et de ne s'être montré médiocre dans aucun? Une ambition si vaste excuserait au besoin l'infériorité absolue sur telle ou telle partie, mais nulle part Victor Hugo n'est faible ou banal, et il y a tel genre, comme la satire. l'ode non religieuse, et la narration épique, où pas un de nos plus grands poètes ne peut avoir la prétention de l'égaler.

Non seulement Victor Hugo s'est exercé avec distinction dans les genres les plus divers, mais ses seules poésies proprement dites, abstraction faite de son théâtre et de ses autres œuvres d'imagination, semblent épuiser toute la série possible des accents et des sentiments humains. Le clavier parcouru par la main puissante de ce virtuose sans pareil est probablement le plus étendu qu'aucun artiste ait jamais embrassé. Mérite rare, éclatant, et qui est, à mes yeux, dans la couronne d'un poète, le diamant *royal* par excellence. Un disciple distingué de l'école de Victor Hugo, mais qui était singulièrement loin pour sa part, de la variété et de l'universalité du maître, me semble avoir senti et rendu avec une force particulière d'expression cette supériorité vraiment unique :

« Celui qui n'est pas capable, écrit Baudelaire, de tout peindre, les palais et les masures, les sentiments de tendresse et ceux de cruauté, les affections limitées de la famille et la charité universelle, la grâce du végétal et les miracles de l'architecture, tout ce qu'il y a de plus doux et tout ce qui existe de plus horrible, le sens intime et la beauté extérieure de chaque religion, la physionomie morale et physique de chaque nation, tout enfin, depuis le visible jusqu'à l'invisible, depuis le ciel jusqu'à l'enfer, celui-là, dis-je, n'est vraiment pas poète dans l'immense étendue du mot et selon le cœur de Dieu. Vous dites de l'un : c'est un poète *d'intérieurs* ou de famille, de l'autre : c'est un poète de l'amour, et de l'autre c'est le poète de la gloire... Avec Victor Hugo, nous n'avons pas à tracer ces distinctions, car c'est un génie sans frontières [1]. »

C'est ici qu'il faudrait multiplier les citations, produire un spécimen de tous les styles poétiques de Victor Hugo, et ce serait assurément le plus simple et le meilleur moyen de rendre honneur à sa mémoire en même temps que d'instruire et de charmer ceux qui me lisent. Mais un seul chapitre, que dis-je? une longue suite de chapitres n'y suffiraient pas... Je renonce donc à citer à mon tour tant de fragments célèbres qui ne serviraient qu'à mettre une fois de plus en évidence des qualités que personne ne conteste chez notre poète : telles que la grandeur, la force et l'éclat de l'imagination ; le vivifiant pouvoir d'un sentiment de la nature capable de tout animer dans l'univers, jusqu'aux durs rochers et aux choses inertes ; la véhémence de certaines passions généreuses, et, à l'autre extrémité du clavier poétique, la tendre admiration pour les petits, la pitié pour les misérables. Je ne citerai ni l'apostrophe sublime à Napoléon sur l'avenir

---

[1]. Notice sur V. Hugo dans la collection des *Poètes français* de Crépet, tome IV.

que l'Éternel se réserve [1], ni l'épopée de Waterloo [2], ni la foudroyante sortie de Charlemagne tonnant dans la montagne avec sa grande voix contre les lâches qui l'abandonnent [3], ni ces invectives superbes des *Châtiments*, qui ont enrichi, idéalisé, élevé jusqu'à la plus éblouissante poésie le vocabulaire de l'outrage ; je ne transcrirai pas non plus *les Pauvres gens*, ni les stances délicieuses sur la consolation qu'apporte dans la plus humble chaumière l'universelle présence de Dieu [4], ni la *Tristesse d'Olympio* méditant sur le contraste ironique des spectacles enchanteurs de la nature avec les blessures du cœur de l'homme, en vers égaux pour la beauté de la forme et supérieurs pour la profondeur de l'émotion au *Lac* adorable de Lamartine ; ni tant d'effusions lyriques sur les bois, les fleurs, les campagnes, l'amour, sur la « grâce immense » de la mer « mêlée à son immense horreur » ; ni enfin tant de vers ravissants sur l'enfance qui sont dans toutes les mémoires. Je voudrais me borner, sinon à des citations qui soient neuves, au moins à celles qui me sembleront les mieux

1. *Napoléon II.*
2. *L'Expiation.*
3. *Aymerillot.*
4. *Dieu est toujours là.*

V. HUGO ET LA POÉSIE FRANÇAISE AU XIX° SIÈCLE.

faites pour placer en pleine lumière des beautés un peu moins connues et des qualités plus contestées.

On a quelquefois nié que la poésie de Victor Hugo ait suivi une marche ascendante, et qu'il se soit développé progressivement, à la façon de tous les écrivains d'un vrai génie, progrès qui n'exclut pas, bien entendu, quand le point culminant a été atteint, une certaine décadence consécutive à l'âge.

Un censeur littéraire de 1836 (vraiment, on ne peut aujourd'hui sans quelque humiliation rapporter des jugements pareils, et l'on trouve excusable l'orgueil du jeune poète qui, connaissant sa force, méprisait toute critique), un censeur littéraire de 1836 regarde Victor Hugo comme épuisé dès cette époque, déclare que sa fécondité est une stérile répétition de lui-même, que chacune de ses productions nouvelles est inférieure à la précédente, qu'il perd de sa gloire en proportion de ce qu'il ajoute à son bagage, et finalement refuse, pour cette belle raison, de voir en lui autre chose qu'un talent brillant, mais déjà presque éteint, de l'ordre secondaire. Pour nous qui pouvons dès à présent embrasser l'ensemble imposant de son œuvre, nous mesurons mieux. Dieu merci, l'immense progrès accompli dans l'intervalle qui sépare *les Orientales* de *la Légende des siècles*.

Les Orientales portent peut-être la richesse de l'expression poétique aussi loin qu'elle peut aller, mais elles ne nous font pas deviner ni sentir grand'chose au delà de ce qu'elles expriment : elles procurent à notre imagination le plaisir de voir très nettement tout ce qu'elles lui montrent, mais elles ne la mettent guère en mouvement; elles peignent avec beaucoup d'intensité cent tableaux différents de l'univers réel, mais elles n'ouvrent encore qu'un espace médiocre à la rêverie. S'il n'est sans doute pas possible de rien concevoir de plus vif, de plus allègre, de plus étincelant de verve et de feu de plus éclatant de sonorité et d'images que tel petit chef-d'œuvre de la jeunesse du poète, comme, par exemple, *le Danube en colère*. Victor Hugo lui-même nous a révélé plus tard, même dans l'ordre de la poésie pittoresque, objective inspirée par le spectacle du monde extérieur, quelque chose de plus profond, de plus ému, qui suggère plus de sentiments et d'idées et qui parle davantage à l'âme.

Je connais, dans les poésies de sa vieillesse et de sa maturité, trois exemples d'une transformation poétique des choses par l'imagination, dont les deux premiers n'ont pas été souvent cités, que je sache, et dont le troisième, plus célèbre et d'une beauté supérieure en effet, élève la poésie française aussi haut qu'elle soit jamais montée.

Victor Hugo raconte dans *l'Année terrible* qu'au mois de novembre, pendant le siège, il alla sur la muraille de Paris, un soir, par un sinistre coucher de soleil :

J'allais. Quand je levai mes yeux vers l'horizon,
Le couchant n'était plus qu'une lame sanglante.

Cela faisait penser à quelque grand duel
D'un monstre contre un dieu, tous deux de même taille ;
Et l'on eût dit l'épée effrayante du ciel,
Rouge, et tombée à terre après une bataille.

L'image est grande et saisissante ; en voici une autre du même genre, qui l'est davantage encore.

Un condamné politique ayant été guillotiné sous le second empire, la nouvelle en vint à Victor Hugo à Bruxelles, au mois de juin ; l'horreur de cette exécution obséda tout le jour la pensée du poète. qui. pour se distraire et se calmer, sortit d'abord dans la ville, puis dans la campagne :

> J'avais le front brûlant; je sortis par la ville.
> Tout m'y parut plein d'ombre et de guerre civile.
> Les passants me semblaient des spectres effarés,
> Je m'enfuis dans les champs paisibles et dorés.
> La nature ne put me calmer. L'air, la plaine.
> Les fleurs, tout m'irritait...
> Sans pouvoir m'apaiser, je fis plus d'une lieue.
> Le soir triste monta sous la coupole bleue ;
> Linceul frissonnant, l'ombre autour de moi s'accrut
> Tout à coup la nuit vint, et la lune apparut
> Sanglante, et dans les cieux, de deuil enveloppée,
> Je regardai rouler cette tête coupée.

J'arrive en remontant, dans le même ordre d'idées poétiques, à mon troisième et dernier exemple, à celui dont je n'ai pas craint de dire que la poésie française y atteint une hauteur qu'elle n'a point dépassée.

Dans *la Légende des siècles*, Ruth, la Moabite, est couchée aux pieds de Booz endormi.

> Booz ne savait point qu'une femme était là,
> Et Ruth ne savait point ce que Dieu voulait d'elle.
> Un frais parfum sortait des touffes d'asphodèle ;
> Les souffles de la nuit flottaient sur Galgala...
>
> Ruth songeait et Booz dormait ; l'herbe était noire ;
> Les grelots des troupeaux palpitaient vaguement ;

Une immense bonté tombait du firmament;
C'était l'heure tranquille où les lions vont boire.

Tout reposait dans Ur et dans *Jérimadeth* [1].
Les astres émaillaient le ciel profond et sombre ;
Le croissant fin et clair parmi ces fleurs de l'ombre
Brillait à l'occident, et Ruth se demandait,

Immobile, ouvrant l'œil à moitié sous ses voiles,
Quel dieu, quel moissonneur de l'éternel été
Avait, en s'en allant, négligemment jeté
Cette faucille d'or dans le champ des étoiles.

On a souvent répété que le véritable talent de peindre était affaibli chez Victor Hugo par la profusion même et l'éclat des couleurs de son style, et qu'à force de nous éblouir il nous troublait la vue, de même que les arbres, selon le dicton vulgaire, empêchent de voir la forêt, et les maisons la ville, ou comme les images changeantes d'un kaléidoscope miroitent sans constituer un tableau.

Ici, je soupçonnerais volontiers la critique de s'être laissée aller à une confusion injuste, du même genre que celle dont Ronsard aussi fut victime et qui consiste à reprocher au maître certaines fautes dont ses disciples et ses exagérateurs sont les seuls vrais coupables; mais

Voy. la note de la p. 301.

enfin. s'il faut accorder que Victor Hugo pèche en règle générale, par un excès d'abondance qui n'est pas toujours un signe de force et peut diminuer l'effet de ses peintures, je voudrais bien au moins qu'on fît à l'exception sa part et qu'on rendît justice à tant de tableaux que les anciens maîtres auraient été fiers de signer

En voici un, entre cent autres, qui, pour la concision puissante et la *sobriété* (je trouve piquant d'appliquer à Victor Hugo cet éloge) n'a rien à envier aux plus grands classiques. C'est dans *les Chansons des rues et des bois*, la petite pièce intitulée : *Saison des semailles. Le soir.*

> C'est le moment crépusculaire.
> J'admire, assis sous un portail,
> Ce reste de jour dont s'éclaire
> La dernière heure du travail.
>
> Dans les terres de nuit baignées,
> Je contemple, ému, les haillons
> D'un vieillard qui jette à poignées
> La moisson future aux sillons.
>
> Sa haute silhouette noire
> Domine les profonds labours.
> On sent à quel point il doit croire
> A la fuite utile des jours.
>
> Il marche dans la plaine immense.
> Va, vient, lance la graine au loin,

V. HUGO ET LA POÉSIE FRANÇAISE AU XIXe SIÈCLE.

Rouvre sa main et recommence,
Et je médite, obscur témoin,

Pendant que, déployant ses voiles,
L'ombre, où se mêle une rumeur,
Semble élargir jusqu'aux étoiles
Le geste auguste du semeur.

Je ne puis résister au plaisir de citer encore, dans le même genre *sobre* et puissant, les derniers vers de cette pièce de *l'Année terrible* où le poète nous montre un gamin de douze ans pris sur une barricade. On va le fusiller ; mais il demande la permission d'aller d'abord rapporter sa montre à sa mère, et l'officier, fort aise de laisser cet enfant s'échapper, la lui accorde. Il part en courant, et l'on rit de son espièglerie...

Mais le rire cessa, car soudain l'enfant pâle
Brusquement reparu, fier comme Viala,
Vint s'adosser au mur et leur dit : Me voilà.

La mort stupide eut honte et l'officier fit grâce.

La fin de cette admirable pièce nous fait voir, selon l'expression pittoresque de Paul de Saint-Victor, « un bas-relief antique, enchâssé dans un tas de pavés. » C'est un mélange exquis de la grandeur de Corneille avec la grâce d'André Chénier :

La gloire au front te baise, ô toi si jeune encore !
Doux ami, dans la Grèce antique, Stesichore
T'eût chargé de défendre une porte d'Argos ;
Cinegyre t'eût dit : Nous sommes deux égaux.
Et tu serais admis au rang des purs ephebes
Par Tyrtée à Messène et par Eschyle à Thèbes
On graverait ton nom sur des disques d'airain,
Et tu serais de ceux qui, sous le ciel serein,
S'ils passent pres du puits ombragé par le saule
Font que la jeune fille ayant sur son epaule
L'urne où s'abreuveront les buffles haletants.
Pensive, se retourne et regarde longtemps.

Que de fois n'a-t-on pas dit que Victor Hugo ne savait pas être simple, et, par suite, ne savait pas émouvoir. que l'art pour l'art, la recherche du mot et de l'effet, la *virtuosité*, toujours sensibles chez lui, faisaient tort à la poésie ingénue et sincère. et que l'esprit cachait le cœur ! Certes je ne veux point nier que Victor Hugo ne soit le Benvenuto Cellini de la poésie française ! mais il en est aussi le Michel-Ange pour la grandeur et la simplicité, le Raphaël pour la sensibilité, la douceur et la grâce. Je n'ai jamais pu lire jusqu'au bout d'une voix ferme la pièce

1. La critique admet assez volontiers aujourd'hui que la facture du vers était susceptible de perfectionnements importants apres Victor Hugo, et qu'il a été vaincu en cela par plusieurs de ses disciples; pour nous, comme on le verra plus loin, nous ne reconnaissons point en général cette supériorité *technique* des écoliers sur le maître.

des *Contemplations* intitulée *A Villequier;* qu'on me permette ici de détacher au moins les dernières stances de cette éloquente prière à Dieu, qui laisse bien loin derrière elle la fameuse consolation de Malherbe à M. du Périer, pour demander au lecteur s'il connaît dans la poésie française quelque chose de plus simple et de plus touchant :

> Voyez-vous, nos enfants nous sont bien nécessaires.
> Seigneur; quand on a vu dans sa vie, un matin,
> Au milieu des ennuis, des peines, des misères
> Et de l'ombre que fait sur nous notre destin,
>
> Apparaître un enfant, tête chère et sacrée,
>   Petit être joyeux,
> Si beau, qu'on a cru voir s'ouvrir à son entrée
>   Une porte des cieux ;
>
> Quand on a vu, seize ans, de cet autre soi-même
> Croître la grâce aimable et la douce raison ;
> Lorsqu'on a reconnu que cet enfant qu'on aime
> Fait le jour dans notre âme et dans notre maison,
>
> Que c'est la seule joie ici-bas qui persiste
>   De tout ce qu'on rêva,
> Considérez que c'est une chose bien triste
>   De le voir qui s'en va !

Dans une autre pièce célèbre des *Contemplations, Melancholia,* voici un tableau qu'on ne peut accuser ni de froideur ni de recherche, car il est sorti d'une évidente et profonde pitié pour les créatures misérables, et il est composé dans sa meilleure partie avec des tours ordinaires et des termes communs :

> Le pesant chariot porte une énorme pierre,
> Le limonier suant du mors à la croupière
> Tire, et le roulier fouette, et le pavé glissant
> Monte, et le cheval triste a le poitrail en sang.
> Il tire, traîne, geint, tire encore et s'arrête;
> Le fouet noir tourbillonne au-dessus de sa tête.
> C'est lundi; l'homme hier buvait aux Porcherons
> Un vin plein de fureur, de cris et de jurons.
> Oh ! quelle est donc la loi formidable qui livre
> L'être à l'être, et la bête effarée à l'homme ivre ?
> L'animal éperdu ne peut plus faire un pas;
> Il sent l'ombre sur lui peser; il ne sait pas,
> Sous le bloc qui l'écrase et le fouet qui l'assomme,
> Ce que lui veut la pierre et ce que lui veut l'homme
> Et le roulier n'est plus qu'un orage de coups
> Tombant sur ce forçat qui traîne des licous,
> Qui souffre et ne connaît ni repos ni dimanche
> Si la corde se casse, il frappe avec le manche,
> Et si le fouet se casse, il frappe avec le pied,
> Et le cheval, tremblant, hagard, estropié,
> Baisse son cou lugubre et sa tête égarée;
> On entend, sous les coups de la botte ferrée,
> Sonner le ventre nu du pauvre être muet !
> Il râle; tout à l'heure encore il remuait;
> Mais il ne bouge plus et sa force est finie,
> Et les coups furieux pleuvent; son agonie
> Tente un dernier effort; son pied fait un écart,
> I tombe. et le voilà brisé sous le brancard.

Et dans l'ombre, pendant que son bourreau redouble,
Il regarde Quelqu'un de sa prunelle trouble ;
Et l'on voit lentement s'éteindre, humble et terni,
Son œil plein des stupeurs sombres de l'infini,
Où luit vaguement l'âme effrayante des choses.
Hélas !

De tous les recueils poétiques de Victor Hugo, le plus étonnant par la variété des styles, c'est sans doute *les Châtiments*.

Ce fait est d'autant plus remarquable que la plupart des pièces de ce recueil ayant été écrites sous l'empire d'une émotion violente qui ne laissait guère de place à l'artifice et au procédé, le naturel du poète s'y découvre avec une franchise particulière. L'auteur des *Châtiments* parle tour à tour le langage de Corneille, de Molière, de Juvénal, de Dante, d'Esaïe, et la tragédie, la comédie, la satire, la prophétie et l'épopée sont traversées de place en place par des parfums d'idylle et de mélodieux soupirs d'élégie qui rappellent Virgile et Tibulle.

Si je ne puis me permettre de citer toute une série d'exemples de tant de styles divers, je voudrais montrer au moins, dans trois fragments très courts, par quelle gradation, par quels coups d'aile. le poète s'élève du ton familier et plaisant de la comédie, d'abord à la gravité, à la fierté d'accents du discours héroïque, puis à la majesté et au lyrisme de ces grands voyants de la Bible que l'Esprit de Dieu inspirait.

Un bon bourgeois dans sa maison raisonne et s'exprime comme il suit :

> ... C'est le pire gredin qui soit sur cette terre ;
> Mais puisque j'ai voté pour lui, l'on doit se taire.
> Ecrire contre lui, c'est me blâmer, au fond ;
> C'est me dire : voilà comment les braves font,
> Et c'est une façon, à nous qui restons neutres,
> De nous faire sentir que nous sommes des pleutres
> Or, quand on dit du mal de ce gouvernement,
> Je me sens chatouillé désagreablement.
> Qu'on fouaille avec raison cet homme, c'est possible
> Mais c'est m'insinuer à moi, bourgeois paisible
> Qui fis ce scélérat empereur ou consul,
> Que j'ai dit oui par peur et vivat par calcul.
> Je trouve impertinent, parbleu, qu'on me le dise
> M'etant enseveli dans cette couardise,
> Il me déplaît qu'on soit intrépide aujourd'hui,
> Et je tiens pour affront le courage d'autrui.

Voilà d'excellente langue française ; en voulez-vous de grande et de belle ?

> Fût-on cent millions d'esclaves, je suis libre.
> Ainsi parle Caton. Sur la Seine ou le Tibre
> Personne n'est tombé tant qu'un seul est debout.
> Le vieux sang des aïeux qui s'indigne et qui bout,
> La vertu, la fierté, la justice, l'histoire,
> Toute une nation avec toute sa gloire

V. HUGO ET LA POÉSIE FRANÇAISE AU XIXᵉ SIÈCLE.

Vit dans le dernier front qui ne veut pas plier.
Pour soutenir le temple il suffit d'un pilier ;
Un Français, c'est la France ; un Romain contient Rome.
Et ce qui brise un peuple avorte aux pieds d'un homme

C'est le langage de Corneille après celui de Molière. Et au-dessus de Corneille, au-dessus de tous nos poètes, voici, pour couronner le reste, un style d'une si sublime magnificence qu'il n'a point d'analogue dans notre poésie[1], Hugo seul ayant su revêtir le vers français de toute la splendeur orientale des livres sacrés :

Les Césars sont plus fiers que les vagues marines.
Mais Dieu dit : — Je mettrai ma boucle en leurs narines,
  Et dans leur bouche un mors,
Et je les traînerai, qu'on cède ou bien qu'on lutte.
Eux et leurs histrions et leurs joueurs de flûte
  Dans l'ombre où sont les morts.

[1]. Racine a coloré son style des teintes de la Bible, magnifiquement aussi, mais dans la mesure sévère et sobre du goût classique. Il y a la même différence entre son coloris et celui de Victor Hugo qu'entre la palette de Claude Lorrain et celle d'Eugène Delacroix. Dans sa belle *Etude sur le style de Racine*, M. Paul Mesnard dit excellemment « Racine (et ce n'est pas une critique) avec son génie non timide assurément, discret et toutefois, et mesuré dans sa hardiesse, n'a pas été au delà de ce que le goût français pouvait porter dans l'emploi du style biblique. Il n'en a certes pas abaissé la grandeur et la majesté, ni appauvri la magnificence, mais il en a souvent adouci l'âpreté, atténué les hyperboles, réduit le luxe d'images, suivant le génie de notre langue. » — Voir aussi p. 42 du présent volume.

Dieu dit; et le granit que foulait leur semelle
S'écroule, et les voilà disparus pêle-mêle
  Dans leurs prospérités!
Aquilon! aquilon! qui viens battre nos portes,
Oh! dis-nous, si c'est toi, souffle, qui les emportes
  Où les as-tu jetés?...

Les tyrans s'éteindront comme des météores;
Et, comme s'il naissait de la nuit deux aurores
  Dans le même ciel bleu,
Nous vous verrons sortir de ce gouffre où nous sommes
Mêlant vos deux rayons, fraternité des hommes.
  Paternité de Dieu!

La précision est une des qualités qu'on a le moins contestées au style de Victor Hugo. Le contraste avantageux qu'il présente à cet égard avec Lamartine, grand poète, mais écrivain diffus, négligé, incorrect, a bien servi sa réputation. Ce qu'on n'a peut-être pas assez remarqué, c'est le rare bonheur avec lequel il sait le plus souvent unir deux choses assez malaisées à mettre d'accord, la *précision* et la *rêverie*.

Des écrivains précis en vers, jamais notre littérature n'en a manqué, la netteté de la pensée et du style étant une de nos qualités nationales. Vers le commencement de ce siècle, le romantisme et l'imitation des littératures étrangères ont importé dans la poésie française le vague

V. HUGO ET LA POÉSIE FRANÇAISE AU XIX⁰ SIÈCLE.

l'obscurité, choses indispensables, car la poésie ayant aussi pour objet « ce que l'œil n'a point vu, ce que l'oreille n'a point entendu, ce qui n'est jamais entré dans l'esprit de l'homme [1] », elle resterait misérablement incomplète si elle ne faisait pas une place importante à ce qui échappe à la pensée comme aux sens et ne peut être confusément perçu que par le rêve. Il faut donc, en poésie, de l'obscurité et du vague [2], mais il serait dangereux, en France surtout, d'en abuser.

Le mérite original de Victor Hugo consiste ici à avoir toujours lutté autant que possible par

---

1. Saint Paul, 1ʳᵉ épitre aux Corinthiens, II, 9.
2. Schiller se plaint à Gœthe que Mᵐᵉ de Stael *éloigne de lui toute poesie*, parce que « voulant tout expliquer, tout comprendre, elle n'admet rien d'obscur, rien d'impénétrable... Ce que le flambeau de sa raison ne peut éclairer n'existe pas pour elle. » Un Français de race, mais qui avait reçu le baptême de l'esprit étranger, Ximénès Doudan, écrit dans une de ses lettres si pleines de charme et de raison :
« Il y a des moments où j'aime autant un grand gâchis qu'une précision étroite. J'aime autant de grands marais troubles et profonds que ces deux verres d'eau claire que le génie français lance en l'air avec une certaine force, se flattant d'aller aussi haut que la nature des choses Il y a longtemps que je pense que celui qui n'aurait que des idées claires serait assurément un sot... Les poètes sont sur les confins des idées claires et du grand inintelligible. Ils ont déjà quelque chose de la langue mystérieuse des beaux-arts, qui fait voir trente-six mille chandelles. Or, ces trente-six mille chandelles sont le rayonnement lointain des vérités que notre intelligence ne peut pas aborder de front. »

la clarté de l'expression contre l'obscurité des choses. Pénétré, comme tous les grands poètes doivent l'être, de l'effroi du mystère qui nous entoure, il ne se complaît pas, à la façon des sceptiques, dans le doute et dans l'ignorance, c'est-à-dire dans les ténèbres ; il veut sortir de l'abîme, et son style porte continuellement la marque de l'effort que fait sa pensée vers la lumière. Si nous ne le comprenons pas toujours c'est qu'il n'a point pu parvenir lui-même à saisir l'incompréhensible, ce n'est pas qu'il se soit payé et bercé paresseusement, comme d'autres poètes l'ont fait, de non-sens mélodieux.

Le poème d'*Eviradnus* contient, il est vrai une chanson qui ne renferme pas de sens bien précis, mais parce qu'elle n'en doit point offrir, et rien peut-être ne montre mieux que cet exemple jusqu'où peut aller la magie de l'art et du style de Victor Hugo. « Ce qui ne vaut pas la peine d'être dit, on le chante ». a dit Figaro. Il s'agissait, en cette occasion, de composer avec des mots une vague musique, et de produire sur l'oreille charmée du lecteur l'illusion d'une voix chantante indistinctement entendue dans le lointain :

Ecoutez! — Comme un nid qui murmure invisible,
Un bruit confus s'approche, et des rires, des voix,
Des pas, sortent du fond vertigineux des bois.
Et voici qu'à travers la grande forêt brune
Qu'emplit la rêverie immense de la lune,
On entend frissonner et vibrer mollement,
Communiquant aux bois son doux frémissement,
La guitare des monts d'Inspruck...
Il s'y mêle la voix d'un homme, et ce frisson
Prend un sens et devient une vague chanson :

« Si tu veux, faisons un rêve,
Montons sur deux palefrois ;
Tu m'emmènes, je t'enlève.
L'oiseau chante dans les bois...

» Un bagage est nécessaire :
Nous emporterons nos vœux,
Nos bonheurs, notre misère,
Et la fleur de tes cheveux.

» Viens, le soir brunit les chênes,
Le moineau rit ; ce moqueur
Entend le doux bruit des chaînes
Que tu m'as mises au cœur...

» Viens, sois tendre, je suis ivre.
O les verts taillis mouillés !
Ton souffle te fera suivre
Des papillons réveillés.

» L'envieux oiseau nocturne,
Triste, ouvrira son œil rond ;
Les nymphes, penchant leur urne,
Dans les grottes souriront,

» Et diront : « Sommes-nous folles ?
» C'est Leandre avec Hero ;
» En ecoutant leurs paroles
» Nous laissons tomber notre eau. »

» Allons-nous-en par l'Autriche !
Nous aurons l'aube à nos fronts,
Je serai grand, et toi riche,
Puisque nous nous aimerons.

» Allons-nous-en par la terre,
Sur nos deux chevaux charmants,
Dans l'azur, dans le mystere,
Dans les eblouissements !

» Nous entrerons a l'auberge,
Et nous paîrons l'hôtelier
De ton sourire de vierge,
De mon bonjour d'écolier.

» Tu seras dame, et moi comte ;
Viens, mon cœur s'épanouit,
Viens, nous conterons ce conte
Aux étoiles de la nuit. »

La melodie encor quelques instants se traine
Sous les arbres bleuis par la lune sereine,
Puis tremble, puis expire ; et la voix qui chantait
S'éteint comme un oiseau se pose ; tout se tait

Que Victor Hugo soit un grand symphoniste
qu'il ait entendu avec une exquise sensibilité

d'organe les mille voix de la nature et qu'il ait, avec une étonnante puissance d'expression, répété dans ses vers tout ce qu'elles murmuraient à son oreille, je ne crois pas que personne s'avise de le contester. Ce qui n'est peut-être pas aussi généralement reconnu, c'est que des vers, des phrases, des pages, des morceaux tout entiers composés d'une suite « d'accents inconnus à la terre » et semblables à une musique du ciel, *abondent* chez ce poète qu'on a tant accusé d'être habituellement rocailleux et dur, et ne sont pas, en vérité, moins nombreux dans ses ouvrages que dans les œuvres toujours harmonieuses de Racine ou de Lamartine. En d'autres termes et pour continuer notre métaphore empruntée à l'art musical, si l'on accorde volontiers à Victor Hugo une science d'orchestration égale à celle d'un Beethoven ou d'un Wagner, on est moins disposé à saluer en lui le maître des mélodies divines, comme celles qui coulaient sans effort du génie facile d'un Mozart. Et pourtant, quoi de plus caressant pour les sens et pour l'âme que la chanson tout à l'heure citée ? Quoi de plus tendre et de plus suave que les stances suivantes des *Chants du crépuscule :*

Puisque j'ai mis ma lèvre à ta coupe encor pleine,
Puisque j'ai dans tes mains posé mon front pâli,
Puisque j'ai respiré parfois la douce haleine
De ton âme, parfum dans l'ombre enseveli,

Puisqu'il me fut donné de t'entendre me dire
Les mots où se répand le cœur mystérieux ;
Puisque j'ai vu pleurer, puisque j'ai vu sourire
Ta bouche sur ma bouche et tes yeux sur mes yeux !

Puisque j'ai vu briller sur ma tête ravie
Un rayon de ton astre, hélas ! voilé toujours,
Puisque j'ai vu tomber dans l'onde de ma vie
Une feuille de rose arrachée à tes jours,

Je puis maintenant dire aux rapides années
— Passez ! passez toujours ! je n'ai plus à vieillir !
Allez-vous-en avec vos fleurs toutes fanées ;
J'ai dans l'âme une fleur que nul ne peut cueillir !

Votre aile en le heurtant ne fera rien répandre
Du vase où je m'abreuve et que j'ai bien rempli.
Mon âme a plus de feu que vous n'avez de cendre !
Mon cœur a plus d'amour que vous n'avez d'oubli !

A force de répéter que Victor Hugo est inégal, qu'il n'a pas su conduire à terme une seule œuvre de quelque étendue qui se soutienne d'un bout à l'autre sans défaillance, qu'il n'a pas écrit vingt vers de suite (car on est allé jusque-là) sans quelque faute choquante contre le goût ou l'harmonie, on a fini par ajouter foi à cette banale erreur. on a de parti pris fermé les yeux à tant de beautés, non seulement de détail mais de composition et d'ensemble, qui remplissent ses ouvrages, et l'on s'est fait de ce grand artiste une idée aussi contraire que possible à la réalité.

Je voudrais bien savoir dans quelle littérature, en quel siècle classique, qu'il soit de Périclès, d'Auguste ou de Louis XIV, on pourrait me citer un crescendo plus soutenu, plus pur, plus magnifique que celui du célèbre poème de *la Légende des siècles* intitulé *la Conscience*. par où je clos ce choix bien insuffisant d'exemples produits pour *illustrer* quelques-uns des aspects si étonnamment multiples et divers du style et du talent de Victor Hugo :

Lorsque avec ses enfants vêtus de peaux de bêtes,
Echevelé, livide au milieu des tempêtes,
Caïn se fut enfui de devant Jehovah.
Comme le soir tombait, l'homme sombre arriva
Au bas d'une montagne, en une grande plaine,
Sa femme fatiguée et ses fils hors d'haleine
Lui dirent : « Couchons-nous sur la terre, et dormons. »
Caïn, ne dormant pas, songeait aux pieds des monts
Ayant levé la tête, au fond des cieux funèbres,
Il vit un œil, tout grand ouvert dans les ténèbres.
Et qui le regardait dans l'ombre fixement.
« Je suis trop près, » dit-il avec un tremblement.

Il reveilla ses fils dormant, sa femme lasse.
Et se remit a fuir sinistre dans l'espace.
Il marcha trente jours, il marcha trente nuits
Il allait, muet, pâle et fremissant aux bruits,
Furtif, sans regarder derriere lui, sans trêve,
Sans repos, sans sommeil ; il atteignit la greve
Des mers dans le pays qui fut depuis Assur.
« Arrêtons-nous, dit-il, car cet asile est sûr
Restons-y. Nous avons du monde atteint les bornes
Et comme il s'asseyait, il vit dans les cieux mornes
L'œil à la même place au fond de l'horizon.
Alors il tressaillit en proie au noir frisson.
« Cachez-moi ! » cria-t-il ; et le doigt sur la bouche,
Tous ses fils regardaient trembler l'aieul farouche
Cain dit à Jabel, pere de ceux qui vont
Sous des tentes de poil dans le desert profond
« Etends de ce côte la toile de la tente. »
Et l'on developpa la muraille flottante,
Et quand on l'eut fixee avec des poids de plomb
« Vous ne voyez plus rien ? » dit Tsilla, l'enfant blond
La fille de ses fils, douce comme l'aurore.
Et Cain repondit. « Je vois cet œil encore ! »
Jubal, père de ceux qui passent dans les bourgs
Soufflant dans les clairons et frappant des tambours
Cria : « Je saurai bien construire une barriere
Il fit un mur de bronze et mit Cain derriere,
Et Cain dit : « Cet œil me regarde toujours ! »
Henoch dit : « Il faut faire une enceinte de tours
Si terrible, que rien ne puisse approcher d'elle.
Bâtissons une ville avec sa citadelle,
Bâtissons une ville, et nous la fermerons. »
Alors Tubalcain, pere des forgerons,
Construisit une ville enorme et surhumaine
Pendant qu'il travaillait, ses freres, dans la plaine

V. HUGO ET LA POÉSIE FRANÇAISE AU XIXᵉ SIÈCLE.

Chassaient les fils d'Enos et les enfants de Seth ;
Et l'on crevait les yeux à quiconque passait ;
Et, le soir, on lançait des flèches aux étoiles.
Le granit remplaça la tente aux murs de toiles,
On lia chaque bloc avec des nœuds de fer.
Et la ville semblait une ville d'enfer ;
L'ombre des tours faisait la nuit dans les campagnes.
Ils donnèrent aux murs l'épaisseur des montagnes ;
Sur la porte on grava : « Défense à Dieu d'entrer. » [1]
Quand ils eurent fini de clore et de murer,
On mit l'aïeul au centre en une tour de pierre ;
Et lui restait lugubre et hagard. « O mon père !
L'œil a-t-il disparu ? » dit en tremblant Tsilla.
Et Caïn répondit : « Non, il est toujours là. »
Alors il dit : « Je veux habiter sous la terre
Comme dans son sépulcre un homme solitaire ;
Rien ne me verra plus, je ne verrai plus rien. »
On fit donc une fosse, et Caïn dit : « C'est bien ! »
Puis il descendit seul sous cette voûte sombre ;
Quand il se fut assis sur sa chaise dans l'ombre
Et qu'on eut sur son front fermé le souterrain,
L'œil était dans la tombe et regardait Caïn.

Ne craignons pas de le dire net et haut, le poète qui a écrit une telle page est le plus grand poète de la France.

---

1. Voilà le seul vers qu'il y aurait à récrire dans ce chef-d'œuvre. A force de précision matérielle, l'idée devient puérile et fausse ; il suffisait de donner à entendre que les constructeurs de cette bâtisse gigantesque *semblaient* avoir la prétention d'en interdire l'entrée à Dieu. Après tout, le vers du poète est sans doute dans sa pensée une pure et simple image qui n'a pas d'autre signification que celle-là.

II

CRITIQUE DU GÉNIE DE VICTOR HUGO

J'ai commencé par louer extrêmement Victor Hugo, parce que des louanges extrêmes et sans mesure comme son talent me semblent être, en vérité, les seules qui conviennent à ce poète prodigieux.

L'espèce de fusion et de tempérament qui consiste à mitiger l'un par l'autre le plaisir et la peine que nous causent les qualités et les défauts d'un poète, afin d'en composer une sorte de jugement moyen, est toujours en critique un procédé fort médiocre; plus ou moins pédantesque partout, ce souci de pondération et d'équilibre serait, dans l'appréciation du génie de Victor Hugo, particulièrement lourd et inintelligent. Excessif en toute chose, le géant de la poésie française ne comporte pas un sentiment de juste milieu. Qui n'est que juste en pareille matière est froid, et celui qui s'approche des poètes et des dieux avec une âme froide, que vient-il faire dans le temple ? Mieux vaut un ennemi passionné que ces indifférents tièdes et fades dont l'Éternel déclare avec dégoût qu'il les « vomira de sa bouche [1] ». Aussi, lorsqu'on est une de ces natures sensibles auxquelles Victor Hugo procure des jouissances et des souffrances presque égales, on pourrait être tenté de faire succéder à l'excès de la louange une critique non moins excessive, si un instant de réflexion ne suffisait pas pour comprendre ce que l'absence de mesure aurait ici de puéril et de peu philosophique.

Le philosophe allemand Kant a remarqué (et il n'était peut-être point nécessaire d'être Kant pour faire une remarque aussi simple) que la plupart des visages parfaitement réguliers sont insignifiants et n'annoncent que des individus médiocres. Tout mérite éminent, de quelque nature qu'il soit, se manifeste généralement au dehors par un dérangement des proportions dont le rapport idéal compose une figure régu-

[1] *Apocalypse*, chap. III.

lièrement belle, dérangement qui peut aller jusqu'à la laideur. Et ce qui arrive au physique n'est que l'image et la traduction en relief de ce qui se passe dans l'esprit. La rupture de l'équilibre intérieur au profit d'une seule faculté est précisément la forme la plus habituelle du génie : personne n'ignore que la folie est proche du génie ainsi défini. Or, Victor Hugo n'a point échappé à la règle commune, qui est qu'en ce monde tout s'achète, et que la nature, plus accoutumée à vendre qu'à prodiguer gratuitement aux hommes les richesses du sol ou du ciel, ne donne guère aux poètes non plus leur talent divin sans le faire payer.

Certains défauts sont ordinairement le prix de certaines qualités éclatantes et supérieures : l'imagination colossale de Victor Hugo a pour contre-partie, en vertu de cette loi, un amoindrissement relatif de la *pensée* ou de ce que M. Nisard appelle la *raison*.

Poète *pensif* : c'est par cette épithète que l'auteur des *Contemplations* s'est désigné lui-même très souvent ; mais la vérité est qu'il pense, à proprement parler, moins qu'il ne le dit et qu'on ne le croit. Ses pensées sont des intuitions, des sentiments, des images et elles peuvent avoir, de ce fait, une grande valeur esthétique ou morale; leur valeur logique et intelligible est plus rare, plus douteuse. Si l'on entend par *pensée* l'usage de la faculté qui juge, compare, pèse, examine, distingue, analyse, choisit et raisonne, on devra reconnaître que cette faculté est incomparablement moindre chez Victor Hugo et moins employée par lui que la puissance d'imaginer, de sentir et de voir.

Et quand on s'est bien rendu compte de cette disproportion, on a la clef du génie de notre poète; il n'est pas un des défauts que la critique lui a reprochés qu'on ne s'explique dès lors avec la clarté presque mathématique d'un phénomène naturel, connu et classé par la science. Un homme doué d'une imagination toujours en mouvement et en feu, qui sent palpiter la vie universelle et prête à toute chose dans la nature une âme et une physionomie [1].

---

[1] Cette puissance d'*animation* universelle va jusqu'à bouleverser d'une façon bizarre la hiérarchie des ordres de la nature et jusqu'à imaginer entre les êtres de règnes différents des relations hétéroclites. Ainsi, dans la poésie de Victor Hugo, les branches jouent à la raquette avec les oiseaux, les insectes polissonnent avec les fleurs :

    Les branches, dans leurs doux ébats,
  Se jettent les oiseaux du bout de leurs raquettes,
  Le bourdon galonné fait aux roses coquettes
    Des propositions tout bas.   (*Les Contemplations*)

cet homme-là est un *voyant*, auquel il serait simplement absurde de demander le discernement, la patience, la subtilité, la pénétration d'un *penseur*. S'affliger des inégalités et des lacunes du génie de Victor Hugo, ce serait donc à peu près aussi raisonnable que si l'on s'étonnait de trouver des vallées et des précipices le long d'une chaîne de montagnes.

Ces précautions prises, et le rapport nécessaire des qualités aux défauts dans l'organisation du génie poétique étant compris comme il doit l'être, il ne faut pas craindre d'accorder à la critique adverse la place à laquelle elle a droit. L'admiration continue ennuie et finit par devenir suspecte. Une louange que rien n'assaisonne est chose trop banale. Tout sentiment excessif provoque une protestation également excessive, et le seul moyen d'empêcher la critique d'élever bruyamment une voix discordante, c'est de l'admettre à faire entendre sa juste note dans le concert.

Cette seconde partie de notre étude ne sera point la contradiction ni même l'atténuation de la première. Nous allons seulement considérer une autre face du même objet, retourner dans nos mains, pour l'examiner mieux, la riche pièce d'orfèvrerie dont la magnificence nous avait causé d'abord une sorte d'éblouissement.

Victor Hugo se complaît dans l'*extrême* et dans l'*opposition des extrêmes* : c'est un premier effet de la prépondérance que l'imagination chez lui a sur la pensée. Les deux pôles qui, alternativement, exercent sur son esprit une sorte d'attraction magnétique, sont la force et la faiblesse, le crime et l'innocence, les tyrans et les opprimés, les géants et les enfants, les démons et les anges, l'ombre et la lumière, l'enfer et le ciel. L'espace intermédiaire, c'est-à-dire, après tout, celui même où se meuvent la terre et l'humanité, ne l'intéresse pas, à beaucoup près, autant que ne l'attirent ces deux extrémités opposées.

De là, dans sa poésie et dans sa prose, les entrechoquements et les éclairs continuels d'*antithèses*, manière d'écrire brillante, mais violente, qui est juste le contraire de l'art des nuances délicates et de la mesure dans l'expression du vrai. De là aussi dans ses œuvres l'absence, ou du moins la rareté, de véritables études psychologiques et morales, de véritables portraits humains qui ne se bornent pas à incarner le bon et le mauvais principe pour les mettre extérieurement aux prises, comme deux puissances surnaturelles et irréconciliables, mais qui sachent habilement montrer, dans l'intérieur de la même âme, le bien et le mal cherchant à faire de curieuses alliances et d'intéressants compromis, comme cela se passe en réalité dans la vie. De là, enfin, de ce goût prononcé de Victor Hugo pour l'opposition et le choc des extrêmes, de cette répugnance ou de cette impuissance du poète à étudier patiemment les caractères, à pénétrer dans les détours, les replis, les secrets du cœur de l'homme et de la femme, de là, dis-je, l'éclat superficiel de son théâtre, le peu de fond substantiel et solide que ses drames, comme ses romans, présentent aux méditations du moraliste.

Du style, de la poésie, de l'esprit, un dessin ferme et net, de vives et brillantes couleurs, des situations plaisantes ou terribles très ingénieusement imaginées, des attitudes superbes, de beaux sentiments, de beaux discours, enfin toute l'éloquence et aussi toute la rhétorique traditionnelles de la scène française : voilà ce qu'on est sûr de rencontrer toujours dans le théâtre de Victor Hugo; mais il n'en faut point attendre cette sorte d'instruction qu'offre une observation exacte et profonde de la vie humaine ou du cœur humain. Le théâtre de Shakespeare et celui de Racine présentent un bien autre intérêt intellectuel : le premier, en reflétant comme dans un miroir l'ample variété du spectacle du monde ; le second, en nous permettant d'étudier, comme à travers une loupe en cristal, l'âme de l'homme et ses passions.

Ici, je n'oublie pas que toute la famille des poètes dramatiques depuis Eschyle se divise en deux branches : la branche aînée, éprise de grandeur héroïque, qui fonde le drame, et la branche cadette, curieuse de vérité humaine, qui perfectionne le drame. Victor Hugo appartient bien évidemment et devait naturellement appartenir à la branche aînée. Il est, comme il fallait s'y attendre, comme tout le monde le sait et le comprend, de la lignée des Eschyle et des Corneille, non point de celle des Euripide et des Racine. Faire grand lui paraît plus beau que faire vrai ; il ne pouvait pas en être autrement, c'est la loi même de son génie. Mais, en pratique comme en théorie, le dernier descendant d'Eschyle est allé singulièrement loin dans cette voie étroite et haute du sublime ou du démesuré dramatique.

Les héros ne lui ont point suffi, il a voulu des géants et des colosses. On a vu les personnages en même temps que les doctrines du poète prendre des proportions de plus en plus énormes. depuis *Cromwell*, son premier drame, jusqu'à ces gigantesques *Burgraves*, dont l'âge, la stature et la force dépassent si prodigieusement les conditions de la vie ordinaire. chez lesquels on entend un vieillard d'une centaine d'années faire la leçon à « un jeune homme » septuagénaire, qui font voir les muscles vigoureux d'Alcide sous la barbe de Mathusalem, et qu'un vers typique nous montre attablés

> Autour d'un bœuf entier posé sur un plat d'or.

Tout récemment encore, dans le dernier drame publié du vivant de l'auteur, Torquemada s'est dressé devant nous comme une personnification colossale de l'antithèse, Torquemada « féroce parce qu'il est tendre », bourreau ivre de charité et de philanthropie, qui témoigne son amour aux hommes en les brûlant, ayant conçu l'idée généreuse et sublime de « cautériser l'enfer » et de « vaincre l'éternité par l'instant », c'est-à-dire de sauver les âmes par le supplice des corps en éteignant dans le feu des bûchers la flamme inextinguible¹.

Dans la préface de *Cromwell*, Victor Hugo, bien qu'il fût déjà comme dramaturge sur la voie qui devait aboutir à *Torquemada*, admettait en théorie au moins une certaine mesure dans les proportions des héros dramatiques; les aphorismes suivants que j'extrais de ce programme célèbre n'ont rien que de correct : « Le drame

---

1. Pour que l'enfer se ferme et que le ciel se rouvre,
Que faut-il? Le bûcher. Cautérisez l'enfer.
Vaincre l'éternité par l'instant. Un éclair
De souffrance abolit les tortures sans nombre.
La terre incendiée éteindra l'enfer sombre..
(Prologue.)

O fête, ô gloire, ô joie!
La clémence terrible et superbe flamboie!
Délivrance à jamais! Damnés, soyez absous!
Le bûcher sur la terre éteint l'enfer dessous
Le paradis souffrait, le ciel avait au flanc
Cet ulcère, l'enfer brûlant, l'enfer sanglant
J'ai posé sur l'enfer la flamme bienfaitrice,
Et j'en vois dans l'immense azur la cicatrice.
Les âmes, hors des corps comme hors de leurs voiles,
S'en vont, et le bonheur sort du bain de tourments!
Splendeur! magnificence ardente! flamboiements!
Satan, mon ennemi, qu'en dis-tu? Feu! lavage
De toutes les noirceurs par la flamme sauvage!
Transfiguration suprême! acte de foi!
Nous sommes deux sous l'œil de Dieu, Satan et moi
Deux porte-fourches, lui, moi Deux maîtres des flammes
Lui perdant les humains, moi secourant les âmes,
Tous deux bourreaux, faisant par le même moyen
Lui l'enfer, moi le ciel, lui le mal, moi le bien..
Ah! sans moi, vous étiez perdus, mes bien-aimés!
La piscine de feu vous épure enflammés.
(Acte III, scène 5.)

peint la vie, — le caractère de la poésie dramatique est la vérité, — les personnages du drame sont des hommes, — le drame vit du réel. » Mais plus tard, érigeant en doctrine la tendance invétérée de son talent, Victor Hugo a fini par écrire : « L'épopée peut n'être que grande, le drame est forcé d'être *immense* »; et, de peur que le lecteur ne se méprît sur le sens de cet adjectif, qu'on pourrait d'abord prendre pour un terme désignant simplement la vaste étendue de la matière offerte au poète dramatique, l'auteur a eu soin de bien l'expliquer :

L'immense diffère du grand en ce qu'il exclut, si bon lui semble, la dimension, en ce qu'il *passe la mesure*, comme on dit vulgairement, et en ce qu'il peut, sans perdre la beauté, perdre la proportion.. Quels personnages prend Eschyle ? les volcans.. Il est rude, abrupt, excessif... Poète hécatonchire, dur comme la roche, tumultueux comme l'écume, plein d'escarpements, de torrents et de précipices, et si géant que, par moments, on dirait qu'il devient montagne... Ses métaphores sont énormes... Eschyle est disproportionné... La majesté farouche de sa stature rappelle ces vastes poèmes du Gange qui marchent dans l'art du pas des mammouths, et qui, parmi les Iliades et les Odyssées, ont l'air d'hippopotames parmi les lions... Eschyle est une sorte de béhémoth parmi les génies. On croit sentir, en lisant Eschyle, qu'il a hanté les grands halliers primitifs, houillères aujourd'hui, et qu'il a fait des enjambées massives par-dessus les racines reptiles et à demi vivantes des anciens monstres végétaux... sous la moisissure gigantesque des monocotylédones, sous les fougères hautes de cinq cents coudées où fourmillaient tous les premiers modèles horribles de la nature, et où vivaient dans l'ombre on ne sait quelles cités difformes, telles que cette fameuse Anarodgurro, dont l'existence fut niée jusqu'au jour où elle envoya une ambassade à Claude, Gagasmira. Sambulaca, Maliarpha, Barygaza, Caveripatnam, Sochoth-Benoth... [1]

Si cette appréciation assourdissante d'Eschyle nous renseigne peu sur le poète grec, elle constitue en revanche un précieux document pour le critique curieux d'étudier l'espèce de maladie mentale qui fut comme la rançon du génie chez le plus grand poète de la France, et qu'un médecin des monstruosités intellectuelles pourrait. avec assez d'exactitude, désigner par le terme d'*hypertrophie de l'imagination*.

Folie vraiment bizarre, étrange aberration, non point. encore une fois, de préférer la grandeur à la vérité, comme Schiller. Alfieri, Cor-

1. *William Shakespeare.*

neille et d'autres sublimes esprits en ont donné l'exemple, mais de faire de l'absence de mesure une beauté, et de l'exagération, cette chose si facile et si commune, le sommet de la poésie et le triomphe de l'art! Est-ce qu'il n'est pas bien plus rare et bien plus beau de peindre l'homme et la femme, surtout peut-être de peindre *des hommes* et *des femmes*, que de représenter des anges, des démons, des fées, des monstres, des géants, des divinités infernales ou célestes, et toutes ces figures purement idéales qu'une fantaisie médiocre ou que la simple convention prodigue avec une si banale abondance? Combien ne faut-il pas plus d'attention, de pénétration, de finesse, de pensée enfin et d'étude intelligente, pour réunir patiemment et pour nuancer tous les traits dont se compose la ressemblance historique et morale de Néron dans *Britannicus*, que pour habiller d'un seul coup et de pied en cap le démon de la vengeance dans le grand manteau sombre du terrible don Salluste, le maître de Ruy Blas! Quel amateur sérieux pourrait égaler, en fait d'intérêt dramatique, le babil angélique et suave, mais enfantin, de toutes les amoureuses du théâtre de Victor Hugo, aux savantes et profondes analyses où s'explique l'âme d'une Hermione, d'une Roxane, d'une Phèdre?

Costumes éclatants, attitudes pittoresques, débordements de poésie lyrique au milieu du drame, bouffons venant à point égayer la tragédie, situations extraordinaires qui font trembler ou rire, antithèses et paradoxes, vers de terre faisant leur cour aux étoiles, grand cœur et grand génie cachés sous la livrée d'un laquais : toute cette magnificence éblouit la vue et enchante l'oreille, mais sonne creux. C'est comme la perle éclatante, mais sans usage et sans saveur, à laquelle le coq du bon La Fontaine déclare naïvement préférer un grain de mil ; nous aussi, dût-on nous accuser de goûts positifs et bourgeois. « le moindre grain de mil », je veux dire, de vérité humaine, d'expérience de la vie, d'observation morale. « serait bien mieux notre affaire ».

Ce n'est pas seulement dans l'ordre dramatique que la prépondérance de l'imagination sur la pensée enlève au talent resplendissant de Victor Hugo le charme des nuances et de la mesure. Les personnages dont il parle, comme ceux qu'il met en scène, présentent généralement ce même caractère, d'être entiers, tout d'une pièce, de s'élever d'emblée à l'idéal et à l'absolu de leur nature. Les objets de son culte et de son amour ont uniformément toutes les perfections qui peuvent rendre adorable une créature humaine ; les objets de sa haine sont tous également infâmes et également maudits.

Considérez, par exemple, la principale victime des satires vengeresses du grand poète. Napoléon III, dans *les Châtiments*, est un bandit, un pirate, un assassin, un histrion, un loup, un pourceau, un singe, un chat-huant, une hyène : c'est Cartouche, c'est Sylla, c'est Borgia, c'est Néron ; c'est Caïn marqué au front du signe de la réprobation divine ; c'est Charlemagne taillé par Satan dans Mandrin. Chose curieuse et significative : jamais le talent de l'auteur n'a été tenté par l'ambition assez naturelle, à ce qu'il semble, une fois passés les premiers emportements, de peindre avec vérité l'individu particulier et unique qui n'a paru dans l'histoire qu'une fois, qui n'était sans doute pas un pur monstre, une simple bête fauve sans aucuns traits d'humanité, et qui fut *Louis-Napoléon Bonaparte* et non point un autre homme, ni un démon quelconque[1].

1. Dans *l'Année terrible*, V. Hugo a tenté une fois ou deux de peindre l'homme qu'il s'était borné, dans *les Châtiments*, à

Un critique anglais, M. Edward Dowden [1], a remarqué avec beaucoup de finesse que, si Victor Hugo avait composé comme Dante un enfer, il lui aurait été impossible de procéder à la façon du poète florentin et d'imaginer une succession graduelle de fautes, de crimes et de tortures : du premier coup il nous aurait précipités au plus profond du gouffre, où nous aurions vu les plus horribles supplices sévir à la fois sur tous les coupables, grands et petits. les parricides, les empoisonneurs. les traîtres. les tyrans sanguinaires, les lâches, les hypocrites, les simples flatteurs du pouvoir et les vulgaires courtisans de la fortune.

Les idées de Victor Hugo ont. comme les personnages de ses œuvres poétiques, une tendance naturelle à l'exagération. Elles sont trop simples et trop absolues. Ce sont des fragments de vérités, nets et brillants comme une cassure de verre ; ce n'est point la vérité tout entière avec

injurier et à maudire. Voir en particulier *Sedan*, où le poète nous montre l'empereur

> Captif de son forfait, livre les yeux bandés
> Aux noirs événements qui le jouaient aux dés
> A tâtons, se fiant au vide, sans appui, etc

[1]. *Studies in Literature*, 1789-1877.

son fini et son poli. De là certaines contradictions, qu'on peut trouver choquantes; car si notre poète possède à un très haut degré *l'esprit d'invention et de verve* qui donne à une idée tout le piquant, le relief et l'éclat dont elle est susceptible, il manque de *l'esprit de finesse* qui adoucit les angles, prévoit et prévient les objections, fait d'avance la part de l'adversaire ou l'introduit adroitement dans la place pour le désarmer.

Par exemple, la préface des *Orientales* développe avec une juvénile insolence la théorie de l'art pour l'art :

A voir les choses d'un peu haut, écrit fièrement le jeune auteur, il n'y a en poésie ni bons ni mauvais sujets, mais de bons et de mauvais poètes... La critique n'a pas de raison à demander, le poète n'a pas de compte à rendre. L'art n'a que faire des lisières, des menottes, des bâillons : il vous dit : Va ! et vous lâche dans ce grand jardin de poésie, où il n'y a pas de fruit défendu. L'espace et le temps sont au poète. Que le poète donc aille où il veut en faisant ce qui lui plaît; c'est la loi. Qu'il croie en Dieu ou aux dieux, à Pluton ou à Satan, à Canidie ou à Morgane, ou à rien... c'est à merveille. Le poète est libre.

Plus tard, l'écrivain a déclaré au contraire,

avec plus de gravité et la même assurance, que l'art est chose utile, sérieuse, sacrée, et que le poète a charge d'âmes ; jamais il ne s'est inquiété de découvrir le point délicat et subtil par lequel se touchent et pourraient s'accorder ces deux assertions spécieuses et même plausibles l'une et l'autre, bien qu'elles paraissent se contredire, mais qui ne restent peut-être impossibles à concilier que pour une critique superficielle.

Nous avons lu son amusante et spirituelle boutade contre la sobriété en poésie [1] : il est clair que ce morceau brillant n'est qu'une face de la vérité ; or une vérité incomplète, isolée par oubli, par ignorance ou par système, de la contre-partie qui, en l'atténuant, l'achèverait, mérite de changer de nom et de s'appeler une erreur. Ne critiquant jamais ses propres idées, Victor Hugo s'est accoutumé de plus en plus à les proclamer comme les aphorismes d'une sagesse supérieure et indiscutable. C'est particulièrement dans ses préfaces qu'il prend ce ton d'oracle ; nulle part le grand poète ne prête davantage au ridicule que dans ces morceaux sentencieux et vides où il ouvre gravement une bouche inspirée pour révéler au monde avec solennité des vérités mal

1. Voir le chapitre précédent, page 158

mises au point ou des vérités trop vraies, des paradoxes ou des truismes. Jamais écrivain ne fut plus la dupe de son imagination et ne se laissa davantage aller à l'illusion de prendre une saillie pour une raison et une antithèse pour une pensée.

En politique et en philosophie, la pensée du poète compte naturellement moins encore qu'en littérature ; car dans l'ordre littéraire il devait lui arriver et il lui est arrivé en effet d'exprimer maintes fois des idées très intéressantes, sa critique, comme celle de tous les poètes, n'étant en dernière analyse rien d'autre et rien de moins que sa poésie prenant conscience d'elle-même. Mais la politique qui se résout en poésie ne saurait avoir beaucoup de valeur. C'est dans l'ordre politique plus que partout ailleurs que l'exagération dénote une puérile faiblesse de pensée et que la mesure est, par excellence, le signe de l'intelligence et de la force.

Victor Hugo a passé de l'extrême droite à l'extrême gauche, du royalisme pur à la république radicale, faute d'avoir su se plaire et se fixer dans ces idées de juste milieu que les esprits vifs peuvent railler, mais qui ont au moins l'avantage, en équilibrant la raison, de l'empêcher d'osciller d'un pôle à l'autre comme une boussole affolée. « L'enfant sublime » qui publiait en 1822 des odes légitimistes, n'était pas plus naïf que le grand vieillard bénissant la multitude de ses mains défaillantes. adorant avec une sorte de vénération superstitieuse l'aveugle et tumultueuse puissance des masses, et entonnant devant l'autel démocratique le *Te Deum laudamus* du peuple divinisé.

Une théorie de gouvernement qui consiste à voir des tyrans dans tous les individus couronnés et à célébrer les révolutions comme étant pour un peuple l'infaillible moyen de conquérir la liberté et le bonheur, est d'une simplicité digne de l'âge d'or ou de 1793. Tant de candeur désarme ; les déclamations les plus subversives gagnent à cet excès d'enfantillage un air d'innocence, d'honnêteté, de noblesse ingénue. qui les fait ressembler aux discours et aux exploits de Garibaldi. Il faut bien vite ajouter d'ailleurs que jamais Victor Hugo n'a excité les passions jalouses et vindicatives ; son cœur généreux et humain, plus modéré que son esprit, n'a point permis à ses doctrines de pousser à l'extrême leur logique étroite, et les grandes idées ou les grands sentiments de charité, de clémence, de fraternité, de concorde, n'ont jamais cessé même au milieu de ses satires les plus sanglantes, de dominer toute sa poésie.

Le poète consent à pardonner aux rois. Compatissant pour tous les hommes, il éprouve même pour ceux que leur puissance expose à des tentations hors mesure une pitié particulière et plus haute, une *pitié suprême*[1]. Il ne conserve de haine sans merci que pour quelques individus exceptionnels qui, par leur criminel attentat contre la liberté de leur pays, par leur serment violé ou leur apostasie, se sont mis hors la loi de l'humanité. De ces usurpateurs parjures, tantôt il dit tout bas à la conscience :

> Tu peux tuer cet homme avec tranquillité[2]

et tantôt il s'écrie :

> Gardons l'homme vivant. Oh! châtiment superbe!
> Oh! s'il pouvait un jour passer par le chemin,
> Nu, courbé, frissonnant, comme au vent tremble l'herbe
> Sous l'exécration de tout le genre humain!
>
> Étreint par son passé tout rempli de ses crimes,
> Comme par un carcan tout hérissé de clous,

---

1 *La Pitié suprême*, 1879.
2. *Le Bord de la mer*, dans *les Châtiments*.

Cherchant les lieux profonds, les forêts. les abîmes,
Pâle, horrible, effaré, reconnu par les loups.

Dans quelque bagne vil n'entendant que sa chaîne.
Seul, toujours seul. parlant en vain aux rochers sourds,
Voyant autour de lui le silence et la haine.
Des hommes nulle part et des spectres toujours :

Vieillissant, rejeté par la mort comme indigne.
Tremblant sous la nuit noire, affreux sous le ciel bleu...
Peuples, écartez-vous ! cet homme porte un signe :
Laissez passer Caïn ! il appartient à Dieu [1].

L'admiration sans mesure et sans réserve que Victor Hugo a longtemps conservée pour Napoléon le Grand, montre à quel point sa politique est une politique de poète, combien chez lui l'imagination est la seule faculté active dans l'idée qu'il se fait des personnages et des événements historiques.

L'éclat des victoires du premier Empire, la force et la grandeur du géant qui refit la carte de l'Europe, l'avaient ébloui, étourdi, fasciné. jusqu'à le rendre inattentif et indifférent aux protestations de la conscience morale et de l'humanité :

---

[1]. *Sacer esto, ibid*

Cet homme étrange avait comme enivré l'histoire
La justice à l'œil froid disparut sous sa gloire¹

L'amour de la femme n'a certainement pas inspiré à notre poète des vers aussi brûlants, aussi passionnés que ceux qu'il adresse à mainte reprise au héros de l'épopée impériale :

> Toujours lui ! lui partout !...
> Il verse à mon esprit le souffle créateur.
> Je tremble, et dans ma bouche abondent les paroles
> Quand son nom gigantesque, entouré d'auréoles
> Se dresse dans mon vers de toute sa hauteur.
>
> Là, je le vois, guidant l'obus aux bonds rapides
> Là, massacrant le peuple au nom des régicides,
> Là, soldat, aux tribuns arrachant leurs pouvoirs
> Là, consul jeune et fier, amaigri par les veilles,
> Que des rêves d'empire emplissaient de merveilles
>   Pâle sous ses longs cheveux noirs
>
> Puis, empereur puissant, dont la tête s'incline,
> Gouvernant un combat du haut de la colline,
> Promettant une étoile à ses soldats joyeux,
> Faisant signe aux canons qui vomissent les flammes
> De son âme à la guerre armant six cent mille âmes
>   Grave et serein, avec un éclair dans les yeux².

Tel était, en 1827, le culte enthousiaste de l'auteur des *Orientales* pour Napoléon,

1. *L'Exp ation*.
2. *Lui*

« Soleil, » s'écriait-il. « dont je suis le Memnon ! »

Trois ans après, au mois d'octobre 1830, le refus de la Chambre des députés de faire transporter sous la colonne de la place Vendôme les cendres du mort glorieux de Sainte-Hélène. inspirait à sa muse indignée et attendrie la seconde de ses deux célèbres odes *A la colonne* :

> ... Ainsi, cent villes assiegées ;
> Memphis, Milan, Cadix, Berlin ;
> Soixante batailles rangees ;
> L'univers d'un seul homme plein ;
> N'avoir rien laissé dans le monde,
> Dans la tombe la plus profonde,
> Qu'il n'ait dompté, qu'il n'ait atteint ;
> Avoir dans sa course guerrière
> Ravi le Kremlin au czar Pierre,
> L'Escurial a Charles-Quint ;

> Ainsi, — ce souvenir qui pèse
> Sur nos ennemis effarés ;
> Ainsi dans une cage anglaise
> Tant de pleurs amers dévorés ;
> Cette incomparable fortune,
> Cette gloire aux rois importune,
> Ce nom si grand, si vite acquis,
> Sceptre unique, exil solitaire,
> Ne valent pas six pieds de terre
> Sous les canons qu'il a conquis !

Dors, nous t'irons chercher ! ce jour viendra peut-être !
Car *nous t'avons pour Dieu* sans l'avoir eu pour maître !
Car notre œil s'est mouillé de ton destin fatal,
Et sous les trois couleurs comme sous l'oriflamme
Nous ne nous pendons pas à cette corde infâme
    Qui t'arrache à ton piédestal !

Oh ! va, nous te ferons de belles funérailles !...

Cette prédiction fut accomplie. En 1840, le retour à Paris des cendres du grand empereur enflammait de nouveau, et plus que jamais, la poésie et l'éloquence de Victor Hugo, et lui dictait le dithyrambe le plus magnifique sans doute dont aucun triomphateur ait été l'objet car ce genre de poème appartient par définition à la littérature officielle, qui est froide de sa nature, mais ici l'hyperbole et l'exaltation viennent du cœur :

... Jadis, quand vous vouliez conquérir une ville,
Ratisbonne ou Madrid, Varsovie ou Séville,
Vienne l'austère ou Naple au soleil radieux.
Vous fronciez le sourcil, ô figure idéale !
Alors tout était dit : la garde impériale
    Faisait trois pas comme les dieux !

Vos victoires longtemps, comme des mains fatales
L'une après l'autre ont pris toutes les capitales.
Il suffit d'Iena pour entrer à Berlin,

V. HUGO ET LA POÉSIE FRANÇAISE AU XIX° SIÈCLE. 211

D'Arcole pour entrer à Mantoue, ô grand homme !
Lodi mène à Milan, Marengo mène à Rome,
   La Moscowa mène au Kremlin !

Paris coûte plus cher. C'est la cité sacrée,
C'est la conquête ardue, âpre, démesurée,
Le but éblouissant des suprêmes efforts.
Pour entrer à Paris, la ville de mémoire,
Sire, il faut revenir de la sombre victoire
   Qu'on remporte au pays des morts.

Il faut, soleil du siècle, en eclipser les astres,
Il faut, heros accru même par les désastres,
Dépasser Lafayette, effacer Mirabeau,
Etre sorti des mers où l'autre ciel commence,
Et mêler la grandeur de l'Ocean immense
   A la majesté du tombeau..

Il fallut le crime de décembre 1851 pour réveiller dans la mémoire et dans la conscience du poète le souvenir trop longtemps endormi du crime de brumaire, et c'est alors qu'il composa un nouveau et bien différent chef-d'œuvre, *l'Expiation*, où l'on voit la retraite de Russie, Waterloo, Sainte-Hélène, commençant un châtiment divin qui n'est rien encore et ne sera vraiment complet que le jour où le grand Napoléon verra avec horreur, du fond de son tombeau, son nom déshonoré, sa gloire parodiée, son trône souillé et avili par des imitateurs incapables et des successeurs indignes.

Quand Victor Hugo se donnait à lui-même la qualification de *poète pensif*, il avait particulièrement en vue les méditations de son esprit sur les grands problèmes que les philosophies et les religions essayent de résoudre.
Il est incontestable que le poétique effroi du mystère occupe dans ses ouvrages une place considérable et caractéristique. Pour aucun trait peut-être, plus que pour celui-là, il ne mérite d'être admiré comme personnifiant le génie même du xixe siècle. Quelle différence à cet égard entre les deux siècles précédents et le nôtre, et de quel rationalisme plat et mesquin la renaissance romantique n'a-t-elle pas délivré la poésie française ! Nos poètes du xviie et du xviiie siècle, obéissant au mot d'ordre de Descartes. s'étaient construit, soit dans l'église. soit hors d'elle, mais avec des arguments également médiocres dans les deux cas, une petite sagesse commode, à la fois spéculative et pratique, où ils bornaient l'horizon de leur pensée et passaient leur vie tranquillement, les yeux fermés sur cet infini que la raison ne peut con-

cevoir, mais que l'âme et l'imagination d'un poète peuvent et doivent au moins contempler.

Victor Hugo, d'ailleurs, n'est pas le premier qui ait ouvert à notre poésie lyrique la source haute et féconde par excellence, je veux dire le mystère ; Lamartine, Alfred de Vigny, précédés eux-mêmes par Chateaubriand, l'avaient devancé dans cette voie. Le talent plastique de l'auteur des *Orientales* ne le disposait pas, primitivement, à la mélancolie ; s'il a eu la gloire d'écrire les plus beaux spécimens qu'il y ait en français de poésie rêveuse et triste, il a eu la gloire plus grande encore de ne point s'y confiner, de montrer aussi, d'un bout à l'autre de son œuvre, une vaillance joyeuse, et de donner à la France dans *la Légende des siècles* les plus magnifiques fragments de poésie épique que notre littérature moderne possède, à défaut d'une épopée.

Déjà, dans *les Feuilles d'automne*, le poète, parvenu à l'âge d'homme, avait fait entendre, après la fanfare des *Orientales*, des accents plus graves et plus émus :

... Tout chemine ici-bas vers un but de mystère.
Où va l'esprit dans l'homme? où va l'homme sur terre?
Seigneur ! Seigneur ! où va la terre dans le ciel ?[1]

1. XXVII A mes amis L. B et S. B.

Les Voix intérieures descendent plus avant dans le grand mystère mélancolique : l'éloquente pièce de ce recueil intitulée *Pensar, Dudar,* est celle où se trouve plus particulièrement développée, avec toute sa poétique ampleur, l'insoluble question de la destinée humaine et du pourquoi des choses :

```
Je vous atteste, ô vents du soir et de l'aurore,
Etoiles de la nuit, je vous atteste encore,
Par l'austère pensée à toute heure asservi.
Que de fois j'ai tenté, que de fois j'ai gravi,
Seul, cherchant dans l'espace un point qui me réponde
Ces hauts lieux d'où l'on voit la figure du monde !
Le glacier sur l'abîme ou le cap sur les mers !
Que de fois j'ai songé sur les sommets déserts,
Tandis que fleuves, champs, forêts, cités, ruines,
Gisaient derrière moi dans les plis des collines,
Que tous les monts fumaient comme des encensoirs
Et qu'au loin l'Océan, répandant ses flots noirs,
Sculptant des fiers écueils la haute architecture,
Mêlait son bruit sauvage à l'immense nature !

Et je disais aux flots : Flots qui grondez toujours !
Je disais aux donjons croulant avec leurs tours :
Tours où vit le passé ! donjons que les années
Mordent incessamment de leurs dents acharnées !
Je disais à la nuit : Nuit pleine de soleils !
Je disais aux torrents, aux fleurs, aux fruits vermeils,
A ces formes sans nom que la mort décompose, [chose ?
Aux monts, aux champs, aux bois : Savez-vous quelque
```

Bien des fois, à cette heure où le soir et le vent
Font que le voyageur s'achemine en rêvant,
Je me suis dit en moi : — Cette grande nature,
Cette création qui sert la creature,
Sait tout ! Tout serait clair pour qui la comprendrait ! —
Comme un muet qui sait le mot d'un grand secret
Et dont la lèvre ecume à ce mot qu'il dechire,
Il semble par moments qu'elle voudrait tout dire.
Mais Dieu le lui defend ! En vain vous écoutez.
Aucun verbe en ces bruits l'un par l'autre heurtes !
Cette chanson qui sort des campagnes fertiles,
Mêlée à la rumeur qui déborde des villes,
Les tonnerres grondants, les vents plaintifs et sourds,
La vague de la mer, gueule ouverte toujours,
Qui vient, hurle, et s'en va, puis sans fin recommence.
Toutes ces voix ne sont qu'un bégaîment immense !

L'homme seul peut parler, et l'homme ignore, helas !
Inexplicable arrêt ! quoi qu'il rêve ici-bas,
Tout se voile à ses yeux sous un nuage austère ;
Et l'âme du mourant s'en va dans le mystère !

Ces vers sont beaux. Prenez garde : ils sont peut-être trop beaux. La composition de *Pensar, Dudar*, se place chronologiquement entre celle de *la Prière pour tous* et de *Dieu est toujours là*, deux pièces d'inspiration fort différente, toutes pleines d'une foi religieuse, chrétienne, *catholique* même, car il ne suffit pas d'être chrétien, il faut être catholique pour attribuer à l'acte extérieur de l'aumône ou encore à la prière d'un enfant innocent une vertu capable d'effacer les péchés des hommes.

Assurément, ces oscillations entre le doute et la foi sont chose bien humaine, bien conforme à notre faible nature ; je n'ai donc garde de les reprocher au grand poète dont Dieu a mis

> L'âme au centre de tout comme un echo sonore [1].

J'ose dire seulement qu'elles ne me paraissent guère compatibles, quand elles sont passées à l'état d'habitude, avec un exercice sérieux et viril de la pensée. A force d'exprimer les sentiments les plus divers et les plus opposés, sous prétexte qu'ils sont tous également humains, le poète court le risque de perdre aux yeux du lecteur cette unité morale, cette sincérité, sans lesquelles il peut toujours le charmer et l'éblouir mais non point l'éclairer, l'instruire, l'édifier lui servir de pasteur et de guide, comme Victor Hugo en affichait hautement la prétention :

> Peuples, ecoutez le poete !
> Ecoutez le rêveur sacré !
> Dans votre nuit, sans lui complete,
> Lui seul a le front eclaire...

1. *Les Feuilles d'automne*, I
> Mon ame aux mille voix, que le Dieu que j'adore
> Mit au centre de tout comme un echo sonore

V. HUGO ET LA POÉSIE FRANÇAISE AU XIXe SIÈCLE.

> Il rayonne ! il jette sa flamme
> Sur l'éternelle vérité !
> Il la fait resplendir pour l'âme
> D'une merveilleuse clarté !
> Il inonde de sa lumière
> Ville et déserts, Louvre et chaumière,
> Et les plaines et les hauteurs !
> A tous d'en haut il la dévoile ;
> Car la poésie est l'étoile
> Qui mène à Dieu rois et pasteurs [1].

Une définition pareille du poète et de la poésie ne convient qu'aux temps mythologiques de Linus et d'Orphée. Aujourd'hui, elle fait sourire : nul n'est assez naïf pour la prendre au sérieux, à commencer par son auteur. Mais ce jeu a ses périls ; il n'est pas sans inconvénient de donner à ce qui est fantaisie pure l'accent d'une chose sérieusement dite : notre confiance dans la parole du poète s'en trouve diminuée, et ses pages les mieux senties deviennent suspectes de n'être plus que des lieux communs indifférents.

Le sceptique, chez Victor Hugo, se transforme instantanément en voyant et en prophète. Il résulte de cette prompte métamorphose que nous ne pouvons pas être fort émus de son doute, sachant avec quelle facilité il en sortira

---

1. *Les Rayons et les Ombres.* — *Fonction du poète.*

vainqueur. La foi, chez lui, est avant tout une conquête rapide, foudroyante de la volonté, où le travail patient de l'intelligence a peu de part, il est du nombre de ces violents qui ravissent le royaume des cieux. Dans une pièce des *Contemplations*, intitulée *Ibo*, pièce curieuse et non sans beauté dans son rythme précipité et haletant comme l'héroïque effort qu'elle exprime le poète nous expose sa méthode dans la recherche de la vérité, si l'on peut donner le nom de *méthode* à une impétueuse prise d'assaut :

> ... Vous avez beau, sans fin, sans borne,
> Lueurs de Dieu,
> Habiter la profondeur morne
> Du gouffre bleu,
>
> Ame à l'abîme habituée
> Dès le berceau,
> Je n'ai pas peur de la nuée,
> Je suis oiseau...
>
> J'ai des ailes, J'aspire au faîte ;
> Mon vol est sûr,
> J'ai des ailes pour la tempête
> Et pour l'azur...
>
> L'homme en cette époque agitée,
> Sombre océan,
> Doit faire comme Prométhée
> Et comme Adam.

Il doit ravir au ciel austère
L'éternel feu,
Conquérir son propre mystère,
Et voler Dieu..

Je suis celui que rien n'arrête,
Celui qui va,
Celui dont l'âme est toujours prête
A Jehovah...

Le songeur ailé, l'âpre athlète
Au bras nerveux,
Et je traînerai la comète
Par les cheveux...

J'irai lire la grande Bible.
J'entrerai nu
Jusqu'au tabernacle terrible
De l'inconnu,

Jusqu'au seuil de l'ombre et du vide,
Gouffres ouverts
Que garde la meute livide
Des noirs éclairs,

Jusqu'aux portes visionnaires
Du ciel sacré ;
Et si vous aboyez, tonnerres,
Je rugirai.

La poésie de Victor Hugo est, sans contredit, celle où s'est réfléchie avec le plus d'éclat, de variété et d'ampleur, l'âme pensive, alternativement confiante et troublée, du xixe siècle ; mais ce n'est point celle qui en a traduit, ni la foi avec le plus de sereine élévation, ni le doute avec le plus d'émotion poignante, ni la science avec le plus de précision instructive.

La muse de Lamartine monte sans effort et plane à une hauteur suprême dans un azur qui ne nous paraît monotone que par l'excès de sa pureté.

Alfred de Musset, comparé à Victor Hugo, est un enfant ; mais cet enfant a le mérite d'une sincérité parfaite qui nous le rend profondément sympathique, et c'est grâce à cette qualité aimable, c'est parce que l'auteur, chez Musset, ne cache et ne déguise jamais l'homme, qu'il a pu quelquefois, parmi la jeunesse française au cœur prompt et sensible, faire échec à la popularité d'un bien plus grand que lui. L'accent du doute, il faut en convenir, a été autrement tragique et douloureux chez cet épicurien que, « malgré lui, l'infini tourmentait, » et lorsqu'il s'écriait avec angoisse :

Je ne crois pas, ô Christ, à ta parole sainte !

il avait dans l'âme plus d'émotion et dans la pensée plus de sérieux, il était, en un sens, plus près du christianisme que Victor Hugo constatant avec une « épouvante » fort paisible l'affaiblissement progressif de la foi chrétienne à notre époque :

> ... Mais parmi ces progrès dont notre âge se vante,
> Dans tout ce grand éclat d'un siècle eblouissant,
> Une chose, ô Jésus, en secret m'epouvante,
> C'est l'écho de ta voix qui va s'affaiblissant [1].

Nous ne sommes point touchés de l'*épouvante* du poète, parce que nous savons trop bien qu'un voyant tel que lui, et un artiste aussi tel que lui, ne manquera jamais de vérités à enseigner aux hommes, quand la vérité révélée n'aura plus de croyants.

Victor Hugo s'est troublé, en effet, si peu des progrès de l'incrédulité religieuse, qu'il en est venu à railler lui-même les dogmes du christianisme ; oh ! sans doute, il n'a jamais perdu le respect plein d'adoration et d'amour que tout poète, tout homme, ne peut manquer d'avoir pour la grande victime du Calvaire,

> le Dieu pensif et pâle
> Qui, debout sur la croix et sous le firmament,

---

1. *Les Voix intérieures*, I.

Triste et nous souriant dans notre nuit fatale,
Sur le noir Golgotha saigne éternellement [1].

Mais il y a je ne sais quoi de choquant comme un anachronisme à voir le plus grand représentant de la poésie française au XIXe siècle, parvenu aux jours solennels de la vieillesse, oublier si entièrement le *Regard par lui jeté dans une mansarde* en 1839 [2] et faire des dogmes vénérables de la religion fondée par le Christ une critique moqueuse, dont le ton léger et les arguments superficiels nous ramènent au rationalisme suranné de Voltaire et de son époque [3].

Même absence de profondeur et de sérieux dans l'examen que Victor Hugo, en sa qualité de « poète pensif », se donne l'air d'avoir fait de tous les systèmes de philosophie. Ferme dans sa croyance générale à Dieu et à l'âme, il flotte du déisme au panthéisme, de l'immortalité personnelle à la métempsycose, sans bien savoir lui-même quand c'est Platon ou Spinosa qui l'inspire, quand il est disciple de Kant, de Swedenborg ou de Pythagore. Les noms de

---

1. *A un martyr*, dans *les Châtiments*.
2. *Les Rayons et les Ombres*, IV.
3. *Religions et Religion*, 1880.

V. HUGO ET LA POÉSIE FRANÇAISE AU XIX· SIÈCLE.

tous les philosophes, de tous les mages, de tous les illuminés, de tous les idéologues possibles retentissent et miroitent dans ses vers [1] et dans sa prose, composant une partie de ce prodigieux vocabulaire de noms propres qui nous assourdissent et nous aveuglent comme les pétards de son feu d'artifice; mais cette vaste érudition ne va pas plus loin que la surface des choses : Victor Hugo n'a saisi les doctrines de la philosophie comme de la religion que par les côtés extérieurs et sensibles qui touchent l'imagination plutôt que la pensée.

Nous possédons aujourd'hui un poète, M. Sully Prudhomme, dont la grande modestie serait blessée de s'entendre nommer à côté de Victor Hugo, mais dont le mérite original et rare consiste justement à être un *penseur* dans toute la force du terme, penseur si exact et si scrupuleux qu'on le verra, dans le travail de l'expression, faillir plutôt à l'image qu'à l'idée. Docte et profond autant que délicat, il a jeté sa sonde droit au cœur de toute doctrine divine et humaine, il en a pesé le fort et le faible, et il sait en exprimer l'essentiel avec une précision substantielle et grave qui rend sa lecture plus ins-

---

1. Voir principalement *l'Ane*, 1881.

tructive pour les esprits méditatifs que celle du Jupiter tonnant des métaphores et des antithèses.

Sans être assurément un aussi grand poète que Victor Hugo, M. Sully Prudhomme l'emporte sur lui par l'expression exacte des idées de la science et de la philosophie, comme Lamartine par l'élan de la foi, comme Musset par l'émotion sincère et pénétrante.

III

RÉPONSE A LA CRITIQUE PRÉCÉDENTE

Mettons un terme à ce long procès. Voilà, je pense, assez d'ombres au tableau pour la satisfaction de cette critique négative, indispensable, il faut le reconnaître, dans toute appréciation littéraire sérieuse qui veut être une étude et non un simple éloge.

Un pas essentiel a sans doute été fait. Il faut bien espérer qu'en examinant ainsi l'*envers* du génie de Victor Hugo, nous avons sensiblement avancé dans la connaissance et dans l'intelligence de ce grand poète, qu'on ne peut juger comme il faut si on ne le considère sous toutes ses faces; mais ce pas était plein de périls et de pièges, et jamais je n'avais mieux senti qu'en essayant de le franchir les avantages de la méthode scientifique chère aux maîtres les plus éminents de la critique contemporaine.

Envisageant le génie d'un poète comme l'effet naturel du concours de plusieurs causes, les maîtres de la critique estiment que leur travail est fini quand ils ont montré ces causes et décrit leur effet; toute autre prétention leur semble vaine, et rien assurément ne l'est davantage que les censures pédantesques et les regrets moroses. La science, quoi qu'on en dise parfois, ne nous interdit point l'enthousiasme, pas plus devant les œuvres de l'esprit que devant celles de la nature; mais elle nous déconseille avec grande raison certains blâmes puérils provenant de l'ignorance ou plutôt de l'oubli des conditions mêmes d'où dépendent les beautés qu'on admire et les talents qu'on loue.

Je vais faire une épreuve curieuse et hardie : reprenant l'un après l'autre les articles divers de ma critique, je vais montrer que chacun d'eux comporte, sinon toujours une réfutation en bonne forme, au moins d'assez importantes atténuations pour perdre presque toute leur force dénigrante quand ils ne se métamorphosent pas en titres de gloire.

J'ose penser que ce nouveau chapitre de

notre étude sur Victor Hugo aura son intérêt, et, si je puis le dire, sa moralité. Il nous prouvera, contre les partisans d'un pédantisme chagrin, que la véritable intelligence critique est, au contraire, celle qui sait avec bonheur découvrir les meilleures et les plus nombreuses raisons de goûter la volupté la plus pure, la joie la plus noble qui soit au monde, à savoir l'admiration. Mais combien de critiques, combien même de simples lecteurs mettent, par une humeur bizarre, un acharnement insensé à diminuer le plus qu'ils peuvent leurs motifs d'avoir du plaisir! On les voit s'armer tout d'abord d'un étrange sentiment de défiance et d'hostilité à l'égard du poète qui prétend leur offrir une lecture délicieuse, et ils semblent lui reprocher cette prétention comme une offense.

Ne jetez pas de pierres dans la source où vous avez bu! dit un proverbe arabe. « Y a-t-il, demande le généreux Jean-Paul, des fontaines où l'on jette plus de mauvaises pierres de toute espèce que dans la source de la vérité et dans la fontaine de Castalie? Tel critique sombre et obscur n'a jamais de sa vie procuré une minute agréable à ce poète qui, de son côté, malgré les fautes qu'il a pu faire, l'a comblé d'heures célestes. Et néanmoins cet animal trempe sa patte dans l'encre. et son ingratitude reproche au poète. *avec amertume et d'un ton hargneux*, ces quelques lignes qui ne lui ont pas fait autant de plaisir que les autres ! »

Nous avons signalé chez Victor Hugo, en premier lieu (cette constatation importante devant servir de base à tout l'échafaudage de notre critique), une faiblesse proportionnelle de la pensée pure, un sensible défaut d'équilibre entre la pensée et l'imagination, à l'avantage de celle-ci : mais avons-nous besoin qu'on nous rende attentifs à la valeur toute relative de cette première critique ?

La force de la pensée chez Victor Hugo demeure très grande ; elle reste infiniment supérieure à celle de la généralité des esprits qui pensent, et pour le moins égale à celle de l'élite ; elle ne paraît inférieure que si on la compare à son incomparable imagination. Un seigneur qui possède deux mille hectares de forêts peut être dit, par comparaison, *pauvre* en terres labourables, s'il n'en compte que quinze ou dix-huit cents arpents ; mais quel est celui d'entre nous qui ne se contenterait de cette pauvreté? Et puis, pour continuer ma similitude, qui donc aurait le cœur de porter la hache dans la forêt luxuriante et splendide de Victor Hugo. sous prétexte de distribuer d'une façon un peu plus égale les richesses du grand écrivain et d'accroître de quelques gerbes de blé ce qui peut contribuer dans sa poésie à notre nourriture morale et intellectuelle?

Il n'est pas une seule des critiques communément adressées à la faculté qui pense et qui raisonne chez notre poète, qu'on ne puisse transformer en louange à l'adresse de son imagination, et il y a tout avantage à procéder ainsi de préférence, puisqu'on remplace une négation froide et stérile par l'admiration qui réchauffe le cœur et qui donne des ailes à l'esprit.

Pour prendre tout de suite un exemple, l'idéalisme outré du théâtre et des romans de Victor Hugo, l'exagération hors nature où sa fantaisie prend plaisir, se rattache à une rare noblesse de sentiments, à une singulière hauteur de vues, à l'idée de l'art la plus généreuse et la plus élevée qui se puisse concevoir. Le grand poète romantique a voulu protester et réagir par là contre l'imitation plate et vulgaire de la réalité qu'une école détachée de la sienne devait prendre pour programme unique, pour mot d'ordre de la littérature : à mesure que cette école exagérait son principe étroit, on a vu l'auteur des *Travailleurs de la mer* et de *Torquemada* s'enfoncer de plus en plus dans les régions de l'idéal, comme si, par le contraste de son infatigable essor vers la sublimité, il avait juré de faire honte au terre à terre de ses contemporains. La grandeur est-elle donc une chose dont la vie nous offre assez souvent le spectacle pour qu'il nous ennuie et nous déplaise de la rencontrer dans les créations de l'art, même au prix de quelque exagération ?

La pensée de Victor Hugo, avons-nous dit, va d'abord aux extrêmes ; elle ne séjourne guère dans ces vérités moyennes qui, faisant aux deux thèses opposées leur juste part, les concilient et préviennent les contradictions comme les paradoxes : c'est là un fait intéressant qui mérite d'être constaté ; mais aller plus loin, laisser paraître ici l'ombre d'un blâme, d'un regret ou d'un simple étonnement, ce serait montrer qu'on ne comprend ni ne voit la profondeur et l'immensité du changement de nature dont une critique de la sorte implique le désir inutile ; sans compter qu'on se tromperait bien de croire qu'un pareil changement, s'il eût pu s'accomplir, eût fait gagner quelque chose à la littérature française.

L'énergie singulière de notre puissant écrivain est précisément due à ce que sa pensée a de fragmentaire et de tranchant. Quand on arrondit tous les angles, quand chaque vérité est habilement fondue dans la vérité contraire qui la tempère et l'adoucit, un autre style naît alors, le style de Sainte-Beuve ou de M. Renan, dont on peut adorer la grâce molle, insinuante et flexible, mais qui n'a rien absolument de commun avec la grandeur ni avec la force. Conçoit-on la robuste main du poète s'appliquant à débrouiller une de ces questions compliquées où triomphe la dextérité d'un critique de profession, et quelqu'un pourrait-il s'étonner de voir, à ce métier de femme, Hercule « rompre tous ses fuseaux »? Toujours affirmant et créant dans sa prose comme dans ses vers, dans ses écrits didactiques comme dans ses œuvres d'imagination, Victor Hugo n'est point un de ces sceptiques ingénieux qui s'amusent à disséquer oisivement les idées comme une matière indifférente et inerte; il se passionne pour ce qu'il croit vrai à l'heure où il parle, et il jette sa pensée palpitante et vivante dans la bataille des opinions.

D'autres poètes, avons-nous dit encore, ont eu plus d'unité morale, ont montré une sympathie plus profonde pour d'intimes souffrances de notre siècle ou en ont traduit avec plus de perfection certaines idées originales et caractéristiques : ne craignons pas d'en convenir; car c'est ici surtout que la critique peut et doit se changer en un positif et superbe éloge.

Si Victor Hugo, dans certains ordres de sentiments et de pensées, n'est pas le plus pénétrant des poètes, le plus substantiel des écrivains, c'est tout simplement parce que rien d'humain ne lui fut étranger; c'est parce que son génie et son cœur étaient vastes, qu'il n'a pu ni voulu concentrer sur aucun point spécial, au détriment des autres, sa puissance de penser, de sentir et de rendre. Il n'est point l'organe exclusif de telle ou telle passion d'un jour, l'interprète, une heure à la mode, de tel ou tel rêve bientôt évanoui et remplacé; il est l'âme même du xix° siècle; il en a épousé tour à tour les aspirations changeantes, les enthousiasmes contradictoires, et voilà pourquoi nous l'avons vu successivement champion du trône et de l'autel, ardent admirateur de la gloire impériale, fervent apôtre de la liberté, royaliste et démocrate, chrétien et philosophe, passant de la foi au doute, de l'adoration au blasphème, du doute et du blasphème revenant à la confiance et à la prophétie.

Toutes les vicissitudes, toutes les révolutions de notre siècle ont eu leur contre-coup dans l'âme de ce grand homme, qui en est la personnification complète et magnifique. Les sinuosités du fleuve de poésie si largement épanché de son sein pendant soixante-huit ans (car il a commencé tout jeune) font songer à ce Danube immense que *les Orientales* nous montrent faisant la loi sur ses rives avec une majesté hautaine, et dont elles disent qu'on a bien le droit de prendre une allure orgueilleuse

Lorsqu'on est Danube et qu'on porte,
Comme l'Euxin et l'Hellespont,
De grands vaisseaux au triple pont;

Lorsqu'on ronge cent ponts de pierres,
Qu'on traverse les huit Bavières,
Qu'on reçoit soixante rivières
Et qu'on les dévore en fuyant;
Qu'on a, comme une mer, sa houle;
Quand sur le globe on se déroule

> Comme un serpent, et quand on coule
> De l'occident à l'orient !

C'est une belle et louable chose, assurément, que d'offrir toujours dans ses vers une image fidèle et sincère de son propre cœur ; il est beau, il est rare de ne jamais rien écrire qui dépasse la mesure exacte de ce qu'on sent, de ce qu'on pense, de ce qu'on sait, de ce qu'on croit ; il est beau enfin d'être poète à la façon d'Alfred de Musset ou à celle de Sully Prudhomme : mais il est encore bien plus beau et bien plus merveilleux d'être Victor Hugo, d'avoir une âme large comme le monde, qui ne soit pas celle d'un individu seulement, si distingué qu'on le suppose, mais de l'humanité et de toute la nature.

Le *moi* peut être intéressant et sympathique ; mais il est toujours égoïste et vaniteux pour le moins, quand il n'est pas misérablement consumé par quelque maladie de langueur physique et morale, et les plus grands poètes en tout temps ont été ceux qui, échappant à la mesquine enceinte de leur personnalité, ont ouvert leurs voiles ou leurs ailes aux quatre vents de l'horizon et se sont dispersés comme Victor Hugo, à travers le monde réel et le monde idéal. Cette puissance d'expansion au dehors et d'oubli de soi-même est, en poésie comme dans tous les arts, la marque la plus authentique d'un génie vigoureux et sain [1]. Ce n'est pas en se concentrant dans la contemplation de sa propre pensée que la Divinité a créé les mondes, c'est en faisant jaillir hors d'elle avec une prodigalité indistincte les innombrables formes et la source intarissable de la vie.

Est-il, d'ailleurs, bien sûr que la force de la pensée chez Victor Hugo soit aussi inférieure en réalité qu'il nous le semble à celle de l'imagination? Cette critique n'implique-t-elle pas entre l'idée et l'image une distinction mal fondée, que le préjugé commun peut seul trouver valable, mais qui se dissipe à l'analyse comme une simple illusion? Où finit l'idée? où commence l'image? ne sont-ce pas deux noms différents d'une seule et même chose, puisque le mot *idée* dérive d'un verbe qui a le sens de *voir* [2], et qu'ainsi le

---

[1]. « Plus que jamais, on est tenté de voir aujourd'hui dans le *subjectivisme* de la sensation le dernier mot de l'art. C'est de l'art, assurément, mais un art inférieur et malsain. Comme Gœthe et Shakespeare, Hugo a prouvé que le vrai génie, le génie bien portant, est essentiellement *objectif*. »

Henry Michel. *Le Temps* du 24 mai 1885.

[2]. εἴδω.

fait de la vision a servi à nommer le fait intellectuel? On ne peut ni écrire ni parler ni penser sans images; une langue, comme on l'a très bien dit, n'est qu' « un recueil de métaphores pâlies », et l'unique différence qu'il y ait à cet égard entre un froid écrivain et un poète brillant, c'est que le premier habille sa pensée de vieilles figures usées qui traînent partout, tandis que le second la revêt d'une parure ingénieuse et neuve.

Victor Hugo est un penseur à la façon des visionnaires; la moindre idée qui traverse son cerveau s'y matérialise avec une extraordinaire intensité de couleurs et de formes; au lieu de subtiliser sa pensée pour en extraire la quintessence, comme font les écrivains concis et délicats, il la développe et la déroule en une série d'images complètes et massives, véritable galerie de tableaux dont l'éclat et la profusion peuvent paraître, en effet, hors de proportion avec l'idée qui en est l'origine et le point de départ. Mais il n'est pas juste que cette myriade de fleurs épanouies cachent à nos yeux la valeur réelle de la plante qui les porte; il n'est pas juste qu'éblouis par les magnifiques énumérations du poète, nous méconnaissions la force de la pensée d'où ce jaillissement d'images est sorti comme de son germe.

Par exemple, Eschyle et Sophocle ont écrit que toutes les eaux de l'océan ne nettoieraient pas la main sanglante souillée d'un meurtre, et Shakespeare a répété la même idée, dans *Macbeth* et ailleurs, en lui laissant son énergique simplicité ; mais est-ce que cette belle pensée antique subit un affaiblissement quelconque parce que, songeant à son tour à la mer et disant avec une tristesse sombre :

> Toutes les eaux de ton abîme
> Hélas ! passeraient sur ce crime,
> O vaste mer, sans le laver !

l'auteur des *Châtiments* se la représente aussitôt lavant dans son onde sacrée l'étoile du matin, parce que son imagination s'envole et voit

> ...... le mât qui plie,
> Les blocs verdis, les caps croulants,
> L'écume au loin, dans les décombres,
> S'abattant sur les rochers sombres
> Comme une troupe d'oiseaux blancs ;
>
> La pêcheuse aux pieds nus qui chante,
> L'eau bleue où fuit la nef penchante,
> Le marin, rude laboureur...

Le poëte, lancé dans cette énumération des

spectacles de la mer, va loin, et de même que le vieux roi Lear, exilé par ses filles, livré tête nue à l'inclémence du ciel, maudit la pluie et les vents et les appelle serviles ministres, eux qui, « ligués avec deux filles perfides, lancent les légions d'en haut sur une tête si vieille et si blanche, » Victor Hugo s'écrie dans une apostrophe plus sublime que celle de Shakespeare et qu'aucune poésie n'a jamais surpassée :

... D'ailleurs, mer sombre, je te hais !

O mer ! n'est-ce pas toi, servante !
Qui traînes sur ton eau mouvante,
Parmi les vents et les écueils,
Vers Cayenne aux fosses profondes
Ces noirs pontons qui sur tes ondes
Passent comme de grands cercueils !

N'est-ce pas toi qui les emportes
Vers le sépulcre ouvrant ses portes,
Tous nos martyrs au front serein,
Dans la cale où manque la paille,
Où les canons pleins de mitraille,
Béants, passent leur cou d'airain !

Et s'ils pleurent, si les tortures
Font fléchir ces hautes natures,
N'est-ce pas toi, gouffre exécré,
Qui te mêles à leur supplice,

Et qui de ta rumeur complice
Couvres leur cri désesperé ! [1]

L'idée du néant des grandeurs humaines et de la mort qui termine tout, serait-elle donc rendue, elle aussi, moins forte et moins frappante parce que les dix sphinx que Zim-Zizimi interroge tour à tour en accablent l'un après l'autre à l'envi, avec de nouveaux exemples et de nouvelles images, le sultan de plus en plus pâle et terrifié ?

Cambyse ne fait plus un mouvement, il dort...
La tombe où l'on a mis Belus croule au desert ;
Ruine, elle a perdu son mur de granit vert
Et sa coupole, sœur du ciel, splendide et ronde ;
Le pâtre y vient choisir des pierres pour sa fronde ;
Celui qui, le soir, passe en ce lugubre champ
Entend le bruit que fait le chacal en mâchant ;
L'ombre en ce lieu s'amasse et la nuit est là toute :
Le voyageur, tâtant de son bâton la voûte,
Crie en vain : « Est-ce ici qu'était le dieu Belus ? »
Le sépulcre est si vieux qu'il ne s'en souvient plus...
Cléopâtre est couchee à jamais.....
Que fait Sennachérib, roi plus grand que le sort ?
Le roi Sennachérib fait ceci, qu'il est mort.
Que fait Gad ? il est mort. Que fait Sardanapale ?
Il est mort...
Ninus le conquérant est perdu sous la terre ;

1. *Nox*

Il est muré, selon le rite assyrien,
Dans un trou formidable où l'on ne voit plus rien...
Par moments, la Mort vient dans sa tombe, apportant
Une cruche et du pain qu'elle dépose à terre ;
Elle pousse du pied le dormeur solitaire
Et lui dit : « Me voici, Ninus. Réveille-toi.
« Je t'apporte à manger. Tu dois avoir faim, roi.
« Prends. » — « Je n'ai plus de mains, » répond le roi
[farouche.
« Allons, mange. » Et Ninus dit: « Je n'ai plus de bou-
[che. »
Et la Mort, lui montrant le pain, dit : » Fils des dieux,
« Vois ce pain: » Et Ninus répond : « Je n'ai plus d'yeux[1]. »

Une œuvre d'immense étendue, comme l'est celle de Victor Hugo, ne peut manquer d'opposer d'innombrables exceptions à toute critique générale hasardée sur le génie de son auteur. On croit avoir trouvé le mot de l'étonnante énigme, l'explication des défauts comme des qualités du poète, quand on a dit que chez lui l'imagination toujours active dévore le cœur et la pensée. Mais parcourez seulement les tables de ses vingt volumes de poésies, aussitôt les exceptions poindront de toutes parts et afflueront en si grande quantité, que vous finirez par vous demander très sérieusement s'il reste assez de ses poèmes tombant sous le coup de cette cri-

---

1. *La Légende des siècles*, VI. — *Les Trônes d'Orient.*

tique pour lui conserver la valeur d'un jugement juste au moins dans la plupart des cas.

Sans insister de nouveau sur la sensibilité d'un tel poète (car il est vraiment trop absurde de lui contester un cœur largement ouvert à toutes les émotions humaines, bien que cette absurdité manifeste soit un des articles reçus de la critique courante), sont-ce des morceaux faiblement pensés que la *Rêverie d'un passant à propos d'un roi*, ou que cette autre pièce des *Feuilles d'automne* dans laquelle le poète se demande où est le bonheur et constate que d'âge en âge Dieu le lui a donné sans qu'il en ait eu conscience autrement que par le souvenir et le regret?

Sont-ce des morceaux faiblement pensés ou faiblement sentis que les sérieux alexandrins adressés au défunt historien Alphonse Rabbe, ou que cette autre pièce des *Chants du crépuscule* où le poète nous décrit la vie stérile et la mort indifférente d'un suicidé de dix-neuf ans, qui ne croyait à rien, qui jamais ne rêvait,

Qui n'aimait pas les champs, que sa mère ennuyait!...
[ombre,
Non, ce que nous plaindrons, ce n'est pas toi, vaine
Chiffre qu'on n'a jamais compté dans aucun nombre,

C'est ton nom jadis pur, maintenant avili,
C'est ton père expiré, ton père enseveli,
Vénérable soldat de notre armée ancienne,
Que ta tombe en s'ouvrant reveille dans la sienne !
Ce sont tes serviteurs, tes parents, tes amis,
Tous ceux qui t'entouraient, tous ceux qui s'étaient mis
Follement à ton ombre, et dont la destinée
Par malheur dans la tienne était enracinée.
C'est tout ce qu'ont flétri tes caprices ingrats,
C'est ton chien qui t'aimait et que tu n'aimais pas !

N'est-ce qu'une brillante fantaisie de l'imagination, la pièce idéalement pure, chaste et grave qui a pour titre *Date lilia*, où le poète, s'inspirant de ce qu'il y a sur la terre de plus saint et de plus sacré, le foyer domestique, l'amour dans le mariage, surpasse en religieuse tendresse l'éloquence d'un Klopstock ou d'un Milton et se montre l'égal de ces oracles pieux de la sagesse antique auxquels Virgile donne une place particulièrement glorieuse dans le séjour de l'éternelle félicité, parce que leur bouche a prononcé des sentences dignes des dieux ?[1]

Sont-ce des jeux frivoles de métaphores et d'antithèses, les poèmes intitulés *A un riche Sunt lacrymæ rerum, Melancholia*, et tant de

---

1. ... *Quique pii vates et Phœbo digna locuti.*
  Eneid, VI

pleins et solides vers adressés soit à Sainte-Beuve, soit à Louis et à Louise Boulanger, cette pièce célèbre notamment où le poète compare son âme à une cloche qu'il a vue toute couverte d'inscriptions banales laissées par les couteaux des passants, mais qui n'en résonne pas moins à la louange du Créateur quand l'heure de l'adoration est venue?

N'est-ce enfin qu'un versificateur prestigieux, l'auteur de cette vaste et insondable composition du *Satyre*, mystérieux symbole des forces de la nature et de la puissance du génie de l'homme? La *Tristesse d'Olympio* manque-t-elle de profondeur? Serait-ce, par hasard, un amusement de l'esprit, les tragiques et poignants poèmes des *Pauvres gens* et d'*Oceano nox*? L'*Expiation* ne dit-elle donc rien à l'intelligence ni à la conscience, ou bien avait-il une faible opinion de la dignité de la pensée, le grand poète qui a écrit :

> Ceux qui vivent, ce sont ceux qui luttent; ce sont
> Ceux dont un dessein ferme emplit l'âme et le front,
> Ceux qui d'un haut destin gravissent l'âpre cime.
> Ceux qui marchent pensifs, épris d'un but sublime,
> Ayant devant les yeux sans cesse, nuit et jour,
> Ou quelque saint labeur ou quelque grand amour...
> Ceux-là vivent, Seigneur! les autres, je les plains.
> Car de son vague ennui le néant les enivre,

Car le plus lourd fardeau, c'est d'exister sans vivre.
Inutiles, épars, ils traînent ici-bas
Le sombre accablement d'être en ne pensant pas.
Ils s'appellent vulgus, plebs, la tourbe, la foule,
Ils sont ce qui murmure, applaudit, siffle, coule,
Bat des mains, foule aux pieds, bâille, dit oui, dit non,
N'a jamais de figure et n'a jamais de nom ;
Troupeau qui va, revient, juge, absout, délibère,
Détruit, prêt à Marat comme prêt à Tibère,
Foule triste, joyeuse, habits dorés, bras nus,
Pêle-mêle, et poussée aux gouffres inconnus.
Ils sont les passants froids, sans but, sans nœud, sans [âge,
Le bas du genre humain qui s'écroule en nuage ;
Ceux qu'on ne connaît pas, ceux qu'on ne compte pas,
Ceux qui perdent les mots, les volontés, les pas.
L'ombre obscure autour d'eux se prolonge et recule ;
Ils n'ont du plein midi qu'un lointain crépuscule,
Car, jetant au hasard les cris, les voix, le bruit,
Ils errent près du bord sinistre de la nuit [1].

Plerique mortales postrema meminere, remarque un historien antique, c'est-à-dire : dans la mémoire des mortels les derniers souvenirs sont les plus vifs. Contemporains de la vieillesse de Victor Hugo, nous nous rappelons naturellement ses dernières œuvres, ses dernières paroles, ses dernières actions avec une vivacité d'impression qui n'est pas sans faire du tort aux monuments de sa jeunesse et de son âge

---

1. *Les Châtimen's*, IV, 9.

mûr devenus moins présents à nos esprits parce qu'ils sont plus anciens. Nos successeurs, mieux placés que nous, jugeront plus équitablement l'ensemble ; ils n'accorderont qu'une importance fort minime à certaines choses dont nous avons été trop frappés, pendant que d'autres, au contraire, que nous avons trop oubliées, reprendront à leurs yeux leurs justes proportions.

C'est ainsi, par exemple, que les exagérations démagogiques du vieillard, sa complaisance pour le parti de la révolution radicale seront pardonnées sans la moindre peine et mises simplement sur le compte de l'âge par la postérité, plus attentive avec raison à l'admirable manifeste électoral où le poète, en 1848, désavouait le drapeau rouge [1].

---

[1]
VICTOR HUGO
A SES CONCITOYENS

Mes concitoyens,

Je réponds aux soixante mille électeurs qui m'ont spontanément honoré de leurs suffrages aux élections de la Seine Je me présente à votre libre choix.

Dans la situation politique telle qu'elle est, on me demande toute ma pensée. La voici :

Deux Républiques sont possibles.

L'une abattra le drapeau tricolore sous le drapeau rouge, fera des gros sous avec la colonne, jettera bas la statue de Napoléon et dressera la statue de Marat, détruira l'Institut, l'École polytechnique et la Légion d'honneur, ajoutera à l'auguste devise : *Liberté, Egalité, Fraternité*, l'option sinistre :

à la lettre pleine de modération et de bon sens dans laquelle, en 1830, il écrivait à Sainte-Beuve :

Nous aurons un jour une république, et quand elle viendra, elle sera bonne. Mais ne cueillons pas en mai le fruit qui ne sera mûr qu'en août. Sachons attendre. La république proclamée par la France en

ou la mort; fera banqueroute, ruinera les riches sans enrichir les pauvres, anéantira le crédit, qui est la fortune de tous, et le travail, qui est le pain de chacun, abolira la propriété et la famille, promenera des têtes sur des piques, remplira les prisons par le soupçon et les videra par le massacre, mettra l'Europe en feu et la civilisation en cendre, fera de la France la patrie des ténèbres, égorgera la liberté, étouffera les arts, décapitera la pensée, niera Dieu; remettra en mouvement ces deux machines fatales qui ne vont pas l'une sans l'autre, la planche aux assignats et la bascule de la guillotine; en un mot, fera froidement ce que les hommes de 93 ont fait ardemment, et, après l'horrible dans le grand que nos pères ont vu, nous montrera le monstrueux dans le petit

L'autre sera la sainte communion de tous les Français dès à présent, et de tous les peuples un jour, dans le principe démocratique; fondera une liberté sans usurpation et sans violences, une égalité qui admettra la croissance naturelle de chacun, une fraternité non de moines dans un couvent, mais d'hommes libres; donnera à tous l'enseignement comme le soleil donne la lumière, gratuitement; introduira la clémence dans la loi pénale et la conciliation dans la loi civile, multipliera les chemins de fer, reboisera une partie du territoire, en défrichera une autre, décuplera la valeur du sol, partira de ce principe qu'il faut que tout homme commence par le travail et finisse par la propriété ; assurera en conséquence la propriété comme la représentation du travail accompli et le travail comme l'élément de la propriété future; respectera l'héritage, qui n'est autre chose que la main du père tendue aux enfants à travers le mur du tombeau ; combinera pacifiquement, pour résoudre le glorieux problème du bien être universel, les accroissements continus de l'industrie, de la

Europe, ce sera la couronne de nos cheveux blancs. Mais il ne faut pas souffrir que des goujats barbouillent de rouge notre drapeau... Ces gens-là font reculer l'idée politique qui avancerait sans eux. Ils font de la république un épouvantail. 93 est un triste asticot. Parlons un peu moins de Robespierre et un peu plus de Washington.

Il n'est donc pas vrai, ces documents le prouvent, que Victor Hugo, toujours dans les extrêmes, ait passé brusquement d'un royalisme puéril au credo non moins superficiel de la secte révolutionnaire. La pensée du grand poète qui restera dans l'avenir l'organe le plus éloquent du XIXe siècle n'a point couru d'un pas plus rapide et plus léger que les événements: elle les a suivis, elle a médité sur eux, elle s'est façonnée à leur école.

science, de l'art et de la pensée; poursuivra, sans quitter terre pourtant, et sans sortir du possible et du vrai, la réalisation sereine de tous les grands rêves des sages; bâtira le pouvoir sur la même base que la liberté, c'est-à-dire sur le droit; subordonnera la force à l'intelligence; dissoudra l'émeute et la guerre, ces deux formes de la barbarie, fera de l'ordre la loi des citoyens, et de la paix la loi des nations; vivra et rayonnera; grandira la France, conquerra le monde, sera en un mot le majestueux embrassement du genre humain sous le regard de Dieu satisfait.

De ces deux Républiques, celle-ci s'appelle la civilisation, celle-là s'appelle la terreur. Je suis prêt à dévouer ma vie pour établir l'une et empêcher l'autre.

VICTOR HUGO.

Existe-t-il, dans toute l'histoire de la poésie politique, quelque chose de plus noble et de plus beau que cet adieu solennel aux vaincus de Juillet, jetant une note mélancolique et grave au milieu de l'ode triomphale où les vainqueurs sont glorifiés :

> ... Reconduisons au moins ces vieux rois de nos pères
> Rends, drapeau de Fleurus, les honneurs militaires
>   A l'oriflamme qui s'en va !
>
> Je ne leur dirai point de mot qui les déchire.
> Qu'ils ne se plaignent pas des adieux de la lyre !
> Pas d'outrage au vieillard qui s'exile à pas lents !
> C'est une piété d'épargner les ruines.
> Je n'enfoncerai pas la couronne d'épines
> Que la main du malheur met sur des cheveux blancs !
>
> D'ailleurs, infortunés ! ma voix achève à peine
> L'hymne de leurs douleurs dont s'allonge la chaîne
> L'exil et les tombeaux dans mes chants sont bénis.
> Et tandis que d'un règne on saluera l'aurore,
> Ma poésie en deuil ira longtemps encore
>   De Sainte-Hélène à Saint-Denis !

Et qu'y a-t-il de plus sublime dans la littérature ancienne et moderne, quel autre exemple pourrait-on citer d'une plus superbe alliance de la pensée la plus haute avec la plus haute poésie, que les réflexions inspirées à Victor Hugo en

1836 par la nouvelle de la mort de Charles X exilé :

> Il est mort. Rien de plus. Nul groupe populaire
> N'a jeté sur son nom pitié, gloire ou respect...
> Nul temple n'a gémi dans nos villes. Nul glas
> N'a passé sur nos fronts, criant : Helas! helas!
> La presse aux mille voix, cette louve hargneuse,
> A peine a retourné sa tête dédaigneuse;
> Nous ne l'avons pas vue, irritée et grondant,
> Donner à cette pourpre un dernier coup de dent;
> Et chacun vers son but, la marée à la grève,
> La foule vers l'argent, le penseur vers son rêve,
> Tout a continué de marcher, de courir,
> Et rien n'a dit au monde : Un roi vient de mourir!
>
> Sombres canons rangés devant les Invalides,
> Comme des sphinx au pied des grandes pyramides...
> A ce bruit qui jadis vous eût fait rugir tous :
> — Le roi de France est mort! — d'où vient qu'aucun
> [de vous,
> Comme un lion captif qui secoûrait sa chaîne,
> Aucun n'a tressailli sur sa base de chêne,
> Et n'a, se réveillant par un subit effort,
> Dit à son noir voisin : — Le roi de France est mort!
> ...Vous vous taisez. Mais moi, moi, dont parfois le chant
> Se refuse à l'aurore et jamais au couchant,
> Moi que jadis à Reims Charle admit comme un hôte,
> Moi qui plaignis ses maux, moi qui blâmai sa faute,
> Je ne me tairai pas. Je descendrai courbé,
> Jusqu'au caveau profond où dort ce roi tombé;
> Je suspendrai ma lampe à cette voûte noire;
> Et sans cesse, à côté de sa triste mémoire,

Mon esprit, dans ces temps d'oubli contagieux,
Fera veiller dans l'ombre un vers religieux [1] !

On le voit, ma critique précédente est vaincue. Non, je n'ai plus le droit de dire, en vérité, que chez Victor Hugo la pensée est moins forte que l'imagination, puisque ce jugement soumis à l'épreuve d'un nouvel examen des œuvres du poète s'évanouit, malgré son apparence plus sérieuse, avec tant d'autres critiques rebattues et banales auxquelles je n'ai pas daigné faire l'honneur de les réfuter.

Et bien loin de vouloir essayer de rétablir ma première critique dans une certaine mesure, il me plaît de lui porter le dernier coup : il me plaît de montrer que certaines idées traitées de lieux communs et attribuées à une vaine et sonore rhétorique, appartiennent, au contraire, à ce que la pensée a de plus grave et de plus élevé.

Lorsque Bossuet ouvre en ces termes une de ses oraisons funèbres :

« Celui qui règne dans les cieux et de qui relèvent tous les empires, à qui seul appartient la gloire, la majesté et l'indépendance, est aussi le seul qui se

---

[1] *Sunt lacrymæ rerum*

V. HUGO ET LA POÉSIE FRANÇAISE AU XIXᵉ SIÈCLE.

glorifie de faire la loi aux rois et de leur donner, quand il lui plaît, de grandes et de terribles leçons. Soit qu'il élève les trônes, soit qu'il les abaisse, soit qu'il communique sa puissance aux princes, soit qu'il la retire à lui-même et ne leur laisse que leur propre faiblesse, il leur apprend leurs devoirs d'une manière souveraine et digne de lui... »

... Ou lorsqu'il s'écrie dans un autre discours :

« Nous mourons tous, disait cette femme dont l'Écriture a loué la prudence au second livre des *Rois*, et nous allons sans cesse au tombeau, ainsi que des eaux qui se perdent sans retour. En effet, nous ressemblons tous à des eaux courantes. De quelque superbe distinction que se flattent les hommes, ils ont tous une même origine, et cette origine est petite. Leurs années se poussent successivement comme des flots ; ils ne cessent de s'écouler ; tant qu'enfin, après avoir fait un peu plus de bruit et traversé un peu plus de pays les uns que les autres, ils vont tous ensemble se confondre dans un abîme où l'on ne reconnaît plus ni princes ni rois ni toutes ces autres qualités qui distinguent les hommes ; de même que ces fleuves tant vantés demeurent sans nom et sans gloire, mêlés dans l'océan avec les rivières les plus inconnues... »

Quand Bossuet parle de la sorte, il énonce des *lieux communs*, je veux dire des pensées qui n'ont rien de neuf ou d'original et que tout le monde est sans doute capable de concevoir Cependant nul homme de sens et de goût ne s'avise d'en nier la valeur ou de murmurer avec dédain qu'il en aurait bien pu faire autant. car l'orateur souverain les a superbement marquées au coin de son style, car le prêtre les a revêtues de cette majesté supérieure et unique qu'une grande autorité personnelle rehaussant le caractère sacerdotal ajoute à la parole humaine.

Eh bien ! il en est de la poésie de Victor Hugo comme de l'éloquence de Bossuet. Elle est toute remplie, toute semée de lieux communs j'allais dire qu'elle en est constituée et comme *pavée*, oui, pavée solidement, soit que. pensif. il pèse

> Ce qu'un Napoléon peut laisser de poussière
> Dans le creux de la main [1] !

soit qu'après la mort du roi de Rome, il s'écrie :

> Tous deux sont morts. Seigneur, votre droite est terrible !
> Vous avez commencé par le maître invincible,
> Par l'homme triomphant ;
> Puis vous avez enfin complété l'ossuaire :
> Dix ans vous ont suffi pour filer le suaire
> Du père et de l'enfant!

1. Deuxième ode *A la colonne*

> Gloire, jeunesse, orgueil, biens que la tombe emporte !
> L'homme voudrait laisser quelque chose à la porte,
> Mais la mort lui dit non... [1]

soit enfin qu'il nous montre la mort en personne entrant à l'improviste, au milieu d'une orgie, dans la salle du festin :

> ... Quelqu'un frappe soudain l'escalier du talon,
> Quelqu'un survient, quelqu'un en bas se fait entendre,
> Quelqu'un d'inattendu qu'on devait bien attendre.
>
> Ne fermez pas la porte. Il faut ouvrir d'abord,
> Il faut qu'on laisse entrer...
> Le spectre est effrayant. Il entre dans la salle,
> Jette sur tous les fronts son ombre colossale,
> Courbe chaque convive ainsi qu'un arbre au vent ;
> Puis il en choisit un, le plus ivre souvent,
> L'arrache du milieu de la table effrayée,
> Et l'emporte, la bouche encor mal essuyée [2] !

Lieux communs, vieilleries mille fois rebattues, disent en haussant les épaules certains raffinés que la recherche de la quintessence fait logiquement aboutir à la suppression de la pensée elle-même, par crainte et par dégoût de la banalité.

Ces raffinés sont des impuissants. Une ori-

1. *Napoléon II.*
2. *Noces et festins.*

ginalité excessive condamne l'écrivain à une solitude où quelques délicats, qui souvent sont des malades, vont seuls lui tenir compagnie. La nourriture de l'humanité, ce sont ces vérités éternelles, ces grandes idées communes vieilles comme le monde et toujours neuves, sans âge parce qu'elles sont de tous les temps, aussi nécessaires à nos esprits que l'eau des fontaines et des fleuves, le sel de l'océan et les fruits de la terre le sont à l'entretien de nos corps. « Comme la mer, a dit magnifiquement Victor Hugo, la poésie dit chaque fois tout ce qu'elle a à dire ; puis elle recommence avec une majesté tranquille et avec cette variété inépuisable qui n'appartient qu'à l'unité [1]. »

Cherchez au fond de toute grande poésie comme de toute grande éloquence : vous n'y trouverez pas autre chose que des lieux communs. Seulement il faut que ces lieux communs remplissent la double condition si magistralement remplie par Bossuet dans ses oraisons funèbres : il faut qu'ils soient *relevés par le style et dits avec autorité*, l'autorité que donne l'expérience de la vie. Il faut que le poète, quand il parle de l'amour, de la famille, de la nature,

1. *William Shakespeare.*

femme de sa jeunesse, toute sa famille descendue avant lui au tombeau, excepté deux petits-enfants dont l'aube embellissant le couchant de sa vie fournit au vieux poète sa dernière antithèse.

Enfin, l'apothéose. A quatre-vingts ans Victor Hugo reconquiert sa royauté de 1828, incontestée cette fois et universelle. Paris, la France, le monde sont à ses pieds. Des républiques, des princes s'adressent à lui comme à une puissance. Le jour anniversaire de sa naissance un peuple entier le fête, et vivant il assiste à son entrée dans l'immortalité.

Que d'expériences diverses dans une telle existence ! Avait-il le droit de dire : « J'ai vécu », le grand mort auquel la République française allait rouvrir le Panthéon, après l'avoir exposé un jour et une nuit sous l'Arc de Triomphe, afin d'ajouter un souvenir plus grand que tous les autres à ce monument glorieux de l'histoire, que *les Voix intérieures* nous montrent recevant dans un avenir lointain sa suprême majesté, du temps qui le changera en ruines :

> Il faut que le vieillard chargé de jours sans nombre,
> Menant son jeune fils sous l'arche pleine d'ombre,
> Nomme Napoléon comme on nomme Cyrus,
> Et dise, en la montrant de ses mains décharnées :

« Vois cette porte énorme ! elle a trois mille années.
C'est par là qu'ont passé des hommes disparus ! »

Telle fut la carrière de Victor Hugo. Et voilà l'expérience, voilà les leçons, voilà la vie, d'où le grave et profond *penseur* a tiré, comme les auteurs classiques, comme les sages de l'antiquité, ces lieux communs éprouvés et solides qui sont l'abrégé de la raison humaine. l'essence du vrai plus précieuse que tous les raffinements du neuf, le pain substantiel et savoureux destiné à nourrir d'âge en âge toutes les générations

IV

RÉFORME DE LA LANGUE POÉTIQUE

...Quand je sortis du college, du thème,
Des vers latins, farouche, espèce d'enfant blême
Et grave, au front penchant, aux membres appauvris,
Quand, tâchant de comprendre et de juger, j'ouvris
Les yeux sur la nature et sur l'art, l'idiome,
Peuple et noblesse, était l'image du royaume ;
La poésie était la monarchie, un mot
Était un duc et pair, ou n'était qu'un grimaud ;
Les syllabes, pas plus que Paris et que Londre,
Ne se mêlaient ; ainsi marchent sans se confondre
Piétons et cavaliers traversant le Pont-Neuf ;
La langue était l'Etat avant Quatre-vingt-neuf ;
Les mots, bien ou mal nés, vivaient parqués en castes ;
Les uns, nobles, hantant les Phèdres, les Jocastes,
Les Méropes, ayant le décorum pour loi,
Et montant à Versaille aux carrosses du roi ;
Les autres, tas de gueux, drôles patibulaires,
Habitant les patois ; quelques-uns aux galères
Dans l'argot ; dévoués à tous les genres bas,
Déchirés en haillons, dans les halles ; sans bas,

Sans perruque ; creés pour la prose ou la farce ;
Populace du style, au fond de l'ombre eparse ;
Vilains, rustres, croquants, que Vaugelas leur chef
Dans le bagne Lexique avait marques d'une F,
N'exprimant que la vie abjecte et familiere,
Vils, dégradés, fletris, bourgeois, bons pour Moliere.
Racine regardait ces marauds de travers ;
Si Corneille en trouvait un blotti dans son vers,
Il le gardait, trop grand pour dire : « Qu'il s'en aille ! »
Et Voltaire criait : « Corneille s'encanaille ! »
Le bonhomme Corneille, humble, se tenait coi.

Alors, brigand, je vins ; je m'ecriai : « Pourquoi
Ceux-ci toujours devant, ceux-la toujours derrière ? »
Et sur l'Académie, aïcule et douairière,
Cachant sous ses jupons les tropes effares,
Et sur les bataillons d'alexandrins carrés,
Je fis souffler un vent revolutionnaire.
Je mis un bonnet rouge au vieux dictionnaire.
Plus de mot senateur ! plus de mot roturier !
Je fis une tempête au fond de l'encrier,
Et je mêlai, parmi les ombres debordées,
Au peuple noir des mots l'essaim blanc des idees ;
Et je dis : « Pas de mot où l'idée au vol pur
Ne puisse se poser, toute humide d'azur ! »[1]

Cette page fameuse des *Contemplations* est le récit fait après la bataille et la victoire, par le général en chef de l'armée des poètes nouveaux, de la révolution accomplie sous ses ordres dans la langue française.

1. *Reponse à un acte d'accusation*

Il n'y en eut jamais de plus nécessaire. Le spectacle qu'offre au xviiie siècle notre langue poétique est celui d'une chose qui se meurt et n'a plus qu'une ombre d'existence.

L'abus des termes généraux employés en vers comme en prose selon la fameuse recette de Buffon, afin de donner de la noblesse au style, l'art singulier, loué par Marmontel, de « voiler les objets aux yeux de l'imagination par une expression vague et légère », avait fini par enlever toute couleur à la poésie et toute précision aux idées. Comme il n'était point permis de nommer les choses, il était devenu inutile de les connaître ; l'éloquence pompeuse et « vague », expressément enseignée par la rhétorique du temps, avait naturellement abouti au vide de la pensée. La frivolité des sujets, la banalité des façons de dire, la fadeur d'une élégance toute de convention, l'artifice puérilement ingénieux de périphrases inutiles et ridicules destinées à « voiler » le mot propre, tels étaient les défauts de l'école classique expirante.

Un poète musqué de ce temps-là pouvait, à la rigueur, avoir entendu parler de la nature, savoir, par exemple, qu'on y trouve des arbres, mais il devait ignorer leurs variétés et leurs noms. En 1788. Colin d'Harleville donne dans une de ses pièces de théâtre cette indication générale et vague : « La scène représente un bosquet rempli d'arbres odoriférants. » Il n'aurait pas été de bon goût de dire que ces arbres étaient des tilleuls, des aubépines ou des lilas[1]. L'abbé Delille se vantait, dit-on, vers la fin de sa vie, d'avoir *fait* douze chameaux, quatre chiens, trois chevaux, six tigres, deux chats, un jeu d'échecs, un trictrac, un damier, un billard, etc., et l'abbé se vantait avec raison, car ce n'était pas un problème facile à résoudre que de faire entendre toutes ces choses sans les nommer ; il fallait de l'esprit, voire de l'imagination, pour appeler le chat :

L'animal traître et doux, des souris destructeur ;

le paon :

L'oiseau sur qui Junon sema les yeux d'Argus,

l'oie :

L'aquatique animal, sauveur du Capitole ;

la poule :

---

[1]. Exemple cité par M. Taine, *Origines de la France contemporaine ; l'Ancien régime*, p. 246.

> Cet oiseau diligent dont le chant entendu
> Annonce au laboureur le *fruit* qu'il a pondu;

le thé :

> Le feuillage chinois qui, par un doux succès,
> De nos dîners tardifs corrige les excès.
> Et, faisant chaque soir sa ronde accoutumée,
> D'une chair indigeste apaise la fumée.

On a cité partout les quatre vers et les trois périphrases dont s'est servi M. Legouvé, le père, pour faire dire à Henri IV : « Je voudrais que le plus pauvre paysan de mon royaume pût au moins avoir la poule au pot le dimanche » :

> Je veux enfin qu'*au jour marqué pour le repos*
> *L'hôte laborieux des modestes hameaux*
> Sur sa table moins humble ait, par ma bienfaisance,
> Quelques-uns de ces mets réservés à l'aisance.

Un ancien traducteur de Pindare, n'osant se servir d'un certain mot, horrible à prononcer, « qui produirait, dit-il, un mauvais effet en français et suffirait pour gâter la plus belle ode du monde », le mot de... coq, le traduit ainsi, noblement : « Cet oiseau domestique dont le chant annonce le jour et qui n'a que son pailler pour théâtre de ses exploits »[1].

1. Cité par Villemain, *Pindare*.

La révolution romantique a rendu à la langue française le service de lui sauver simplement la vie en la débarrassant de cette vieille friperie classique qui l'enlaçait et l'étouffait comme une ronce envahissante ; elle a fait l'air autour de tant de mots du dictionnaire profondément enterrés dans l'ombre, elle les a ressuscités et rappelés au grand jour, redonnant à chacun son droit de cité dans la poésie et dans l'éloquence.

D'où et quand partit le signal de cette grande révolution. ou, pour mieux dire, de cette renaissance de la littérature ? Est-ce bien Victor Hugo qui en a eu le premier l'idée et qui l'a mise en train ? Ne se serait-elle pas faite sans lui, et devons-nous. en bonne justice distributive, lui en rapporter uniquement l'honneur [1] ? Il serait imprudent et d'ailleurs fort inutile d'avoir pour notre poète tant de prétention. Un fait peut nous suffire : Victor Hugo, né chef d'école. a joué ici, un

---

1. Parmi les précurseurs immédiats de Victor Hugo, un des principaux est Stendhal, qui, vers 1820, demandait pourquoi le vers français se vante de n'admettre que le *tiers* des mots de la langue, tandis que les vers anglais peuvent tout dire.

Il convient aussi, il convient surtout de nommer à part Chateaubriand, le plus grand prosateur français du dix-neuvième siècle. S'il y a des styles, ou du moins des vocabulaires plus riches, plus complets que le sien, il n'existe point de langage plus beau pour la couleur et l'harmonie.

V. HUGO ET LA POÉSIE FRANÇAISE AU XIXᵉ SIÈCLE.

peu plus tôt ou un peu plus tard, un rôle prépondérant qui a fini par primer tout et le mettre seul en pleine lumière. Sans doute il a eu des collaborateurs plus ou moins brillants et des devanciers plus ou moins obscurs[1]; sans doute il a commencé par payer, lui aussi, son tribut au style noble et à la périphrase, puisqu'en 1825 il écrivait encore :

Couvre-toi du tissu, trésor de Cachemir[2],

ce qui signifie : Mets ton châle. Mais à partir des *Orientales*, de *Cromwell* et de sa célèbre préface, la langue française est délivrée.

Car le caractère de cette révolution, c'est d'être une délivrance, un *retour à l'ancienne franchise*. Quoi que le monde en ait dit, quoi qu'il ait pu lui-même en penser, Victor Hugo, écrivain, n'innove guère; il restaure surtout et il *conserve*.

Il remonte, par delà le dix-huitième siècle,

---

[1]. On a fait grand bruit des précurseurs de Victor Hugo, pour diminuer sa part d'invention, dans la réforme de la poésie et du théâtre comme dans celle de la langue et du vers. L'importance exagérée qu'on attache à ces questions de priorité vient en général de la fausse idée qu'on se fait du mérite et de la nature de l'invention littéraire; mais il faut avouer aussi que l'attitude peu modeste du jeune poète a trop souvent provoqué et justifié les réclamations de la critique.

[2]. *Odes et Ballades*, XX. *Promenade*.

d'abord à notre grande époque classique, à Boileau. qui appelait « un chat un chat »; à La Fontaine, qui est assurément notre plus grand poète de la nature avant Victor Hugo (supérieur en ce point à Victor Hugo même, parce qu'il est toujours naturel), et qui pourrait être notre plus grand poète absolument, si le monde de la création animée composait seul toute la matière de la poésie; à Molière, héritier comme La Fontaine des libres traditions de la langue et de la littérature nationales; à Corneille, dont Voltaire critiquait le vocabulaire peu noble, à son avis c'est-à-dire trop riche; enfin à Racine lui-même si profondément différent de l'école qui. au dix-huitième siècle, se flatte de l'imiter, à Racine, grand et souverain poète, seul digne de faire pendant à Victor Hugo dans l'histoire de la poésie française, car ils sont tous deux les représentants les plus complets. l'un du genre *classique*. l'autre, du genre appelé *romantique* avec plus ou moins de propriété.

Ici pourtant prenons garde d'aller jusqu'à l'exagération naïve de certains critiques qui ont loué outre mesure dans les tragédies de Racine l'emploi de quelques mots appartenant au vocabulaire familier. Sans nier que l'auteur d'*Atha-*

lie ait eu moins peur des *boucs* et des *chiens* que sa postérité timorée, et tout en admirant la hardiesse avec laquelle il a osé ailleurs *hérisser* le *poil* de Calchas, il faut bien reconnaître d'une manière générale qu'il tenait en défiance les termes ou trop populaires ou trop techniques ; pour les faire passer, quand il en avait besoin. et pour dissimuler leur manque de noblesse, il les « enveloppait de suavité et de nombre ». selon l'expression charmante de Sainte-Beuve [1] : Victor Hugo n'a donc point tort de dire :

Racine regardait ces marauds de travers.

Le plus divin poète du siècle de Louis XIV n'a pas autre chose à son service, après tout. que la lyre à trois cordes réglée par Malherbe. et le parti qu'il a su tirer d'un instrument si pauvre n'en est que plus admirable ; mais si nous sommes justement émerveillés par le tour de force d'un artiste capable de produire avec une simple épinette ou un méchant violon l'illusion d'un orchestre, l'orchestre n'en demeure

---

1. « Racine traite saint Paul, comme il a fait Tacite et la Bible, en l'enveloppant de suavité et de nombre. » *Portraits littéraires*, t. I. — M. Paul Mesnard dit de même dans son *Étude sur le style de Racine*, p. XLVIII : « L'art d'envelopper d'élégance un mot familier ne peut être plus parfait. »

pas moins préférable pour exécuter une symphonie, surtout quand il est là, prêt à se faire entendre, et qu'il suffit, pour avoir un concert accompli, de dire aux instruments : « Jouez. »

Victor Hugo a réveillé le verbe poétique de la France qui se taisait depuis plus d'un siècle, et auquel ce silence prolongé avait fait perdre la fière et légitime notion de ses richesses et de sa puissance. Il est remonté, par delà Malherbe, jusqu'au vrai père de l'école classique, jusqu'à Ronsard, qui, en dépit du vieux préjugé traditionnel, fut comme Victor Hugo un *conservateur* en fait de langue bien plus qu'un révolutionnaire, et qui voulait, lui aussi, avant toute autre chose, attirer l'attention des poètes français sur les ressources infinies et les trésors cachés de l'idiome national [1].

Il est prouvé aujourd'hui que la langue fran-

---

1. Les premiers apologistes de Ronsard s'étaient contentés de montrer l'injuste exagération du jugement de Boileau, qui l'accuse d'avoir parlé grec et latin en français. Aujourd'hui la critique va beaucoup plus loin et prend hardiment le contrepied de l'opinion si longtemps reçue. « C'est à Ronsard », déclarait hautement M. A. Darmesteter, le 4 décembre 1883, dans une leçon d'ouverture prononcée à la Faculté des lettres de Paris, « c'est à Ronsard qu'on doit ce vaste effort pour débarrasser la langue de tous les éléments latins introduits par les *rhétoriqueurs* de l'âge précédent, pour lui donner un vocabulaire nouveau, tout français dans ses éléments, d'une singulière richesse, d'une ampleur jusqu'alors inconnue. »

çaise peut, sans le secours d'aucun barbarisme ni d'aucun solécisme, tout dire, tout exprimer, tout peindre; il ne s'agit que de la connaître; ce n'est point elle qui a jamais fait défaut aux écrivains, ce sont les écrivains qui l'ont ignorée ou dédaignée. Et l'œuvre de Victor Hugo, considérée au point de vue philologique et grammatical, n'est pas autre chose que la démonstration la plus éclatante qu'aucun écrivain français, à la fois poète et prosateur, ait encore faite de cette vérité.

Ce conquérant qui s'amuse à prendre les allures d'un Attila littéraire est, ne vous y trompez pas, un amant aussi respectueux que Boileau de notre belle langue, un observateur aussi plein de scrupules que Vaugelas des règles essentielles de la grammaire française. Dans la même pièce des *Contemplations*, après avoir raconté comment il ôta du cou du chien stupéfait son collier d'épithètes, comment il fit fraterniser dans l'herbe la vache et la génisse, et comment il osa le premier nommer le cochon par son nom. le chef de l'armée romantique crie à ses troupes victorieuses ce mot de ralliement :

Guerre à la rhétorique, et *paix à la syntaxe* [1] !

1. *Reponse à un acte d'accusation.* — En 1826, dans la pré-

La syntaxe, en effet, n'a point eu à se plaindre de Victor Hugo. Jamais ce terrible homme ne lui a fait subir les attentats violents dont le doux Lamartine est coutumier [1].

Cette alliance de la plus grande richesse possible du vocabulaire avec une correction magistrale compose la rare excellence de Victor Hugo comme écrivain [2]. Je ne connais point de poète en France, et je ne connais que deux prosateurs qui puissent lui être comparés pour la possession aisée et puissante de l'organe qu'ils manient et pour leur connaissance approfondie de toutes

---

face des *Odes et Ballades,* Victor Hugo avait écrit de même « Plus on dédaigne la rhétorique, plus il sied de respecter la grammaire. On ne doit détrôner Aristote que pour faire régner Vaugelas. »

1. Ces fautes de Lamartine gâtent vraiment le plaisir qu'on goûte à sa lecture. Boileau a raison ; l'auteur *le plus divin* cesse de nous ravir, quand la langue ou la grammaire souffre et se plaint trop haut, comme dans les vers suivants

> À l'angle d'un buisson, sous un tronc de charmille,
> Un jeune montagnard, près d'une jeune fille,
> Sur la même racine *étaient assis tous deux*
> Jocelyn. — Troisième époque

2. Les futurs auteurs de *glossaires* de Victor Hugo auront néanmoins à relever certaines anomalies. Ainsi le mot *haleine* est souvent employé par lui comme un féminin. Est-ce par inattention ou en connaissance de cause ? Je ne trouve dans le dictionnaire de Littré qu'un exemple de cette forme ; c'est ce vers de La Boétie

> Tiaistre beauté, venimeuse douleur.

V. HUGO ET LA POÉSIE FRANÇAISE AU XIXe SIÈCLE. 271

ses ressources : ces deux prosateurs sont Rabelais et Bossuet, le premier surtout.

C'est la même ampleur souveraine, la même variété de formes et de tours ; ce sont aussi les mêmes excès dans l'abondance et dans la force. Comme à Rabelais, il arrive souvent à Victor Hugo (non point à Bossuet, notons en passant cette différence) de se griser de mots, d'écrire pour écrire, de jouer de son instrument en *virtuose*, de sa plume en *styliste*, pour le seul plaisir d'exercer brillamment sa verve : tous deux s'amusent, l'un par espièglerie, l'autre par charlatanerie, à dérouler aux yeux du lecteur stupéfait d'énormes listes de vocables inconnus ou étranges, qui, pour se trouver dans les lexiques, n'en appartiennent pas moins à des sciences spéciales et peuvent, sans honte, n'être point entendus des personnes simplement instruites et ornées d'une culture honnête.

Rappellerai-je les marines des *Travailleurs de la mer* ou la description, toute pleine de termes techniques, d'une panoplie dans le poème d'*Eviradnus* :

Les chanfreins sont lacés ; les harnais sont bouclés ;
Les chatons des cuissards sont barrés de leurs clés ;

> Les trousseaux de poignards sur l'arçon se répandent,
> Jusqu'aux pieds des chevaux les caparaçons pendent,
> Les cuirs sont agrafés ; les ardillons d'airain
> Attachent l'éperon, serrent le gorgerin ..
> Les genouillères ont leur boutoir meurtrier
> Les mailles sur leurs flancs croisent leurs durs tricots,
> Le mortier des marquis près des tortils ducaux
> Rayonne, et sur l'écu, le casque et la rondache,
> La perle triple alterne avec des feuilles d'ache.

Victor Hugo pousse la science du vocabulaire et la puissance de l'expression jusqu'à un point où le talent devient vraiment de la magie, lorsqu'il se montre capable de transposer l'une dans l'autre la langue de deux arts différents, d'expliquer aux yeux ce qu'entend l'oreille, et de traduire les sons en images. Il a exécuté ce merveilleux tour d'adresse, en vers et en prose dans une petite pièce de son sixième recueil poétique, *les Rayons et les Ombres*, et dans une page magnifique de son roman de *Notre-Dame de Paris* :

> Le carillon, c'est l'heure inattendue et folle,
> Que l'œil croit voir vêtue en danseuse espagnole,
> Apparaître soudain par le trou vif et clair
> Que ferait en s'ouvrant une porte de l'air.
> Elle vient, secouant sur les toits léthargiques
> Son tablier d'argent plein de notes magiques,

Réveillant sans pitié les dormeurs ennuyeux,
Sautant à petits pas comme un oiseau joyeux,
Vibrant, ainsi qu'un dard qui tremble dans la cible ;
Par un frêle escalier de cristal invisible,
Effarée et dansante, elle descend des cieux ;
Et l'esprit, ce veilleur fait d'oreilles et d'yeux,
Tandis qu'elle va, vient, monte et descend encore,
Entend de marche en marche errer son pied sonore [1] !

L'écrivain en vers n'est ici qu'extraordinairement subtil et ingénieux ; le prosateur déploie une richesse, une largeur de style admirables :

Si vous voulez recevoir de la vieille ville une impression que la moderne ne saurait plus vous donner, montez un matin de grande fête, au soleil levant de Pâques ou de la Pentecôte, montez sur quelque point élevé d'où vous dominiez la capitale entière, et assistez à l'éveil des carillons.

Voyez, à un signal parti du ciel, car c'est le soleil qui le donne, ces mille églises tressaillir à la fois. Ce sont d'abord des tintements épars, allant d'une église à l'autre, comme lorsque des musiciens s'avertissent qu'on va commencer. Puis, tout à coup, voyez, car il semble qu'en certains instants l'oreille aussi a sa vue, voyez s'élever au même moment de chaque clocher comme une colonne de bruit, comme une fumée d'harmonie. D'abord la vibration de chaque cloche monte droite, pure, et pour ainsi dire isolée des autres, dans

---

1. *Ecrit sur la vitre d'une fenêtre flamande.*

le ciel splendide du matin ; puis, peu à peu, en grossissant, elles se fondent, elles se mêlent, elles s'effacent l'une dans l'autre, elles s'amalgament dans un magnifique concert. Ce n'est plus qu'une masse de vibrations sonores qui se dégage sans cesse des innombrables clochers, qui flotte, ondule, bondit, tourbillonne sur la ville et prolonge bien au delà de l'horizon le cercle assourdissant de ses oscillations.

Cependant cette mer d'harmonie n'est point un chaos. Si grosse et si profonde qu'elle soit, elle n'a point perdu sa transparence : vous y voyez serpenter à part chaque groupe de notes qui s'échappe des sonneries. Vous y pouvez suivre le dialogue, tour à tour grave et criard, de la crécelle et du bourdon, vous y voyez sauter les octaves d'un clocher à l'autre vous les regardez s'élancer ailées, légères et sifflantes de la cloche d'argent, tomber cassées et boiteuses de la cloche de bois ; vous admirez au milieu d'elles la riche gamme qui descend et remonte sans cesse les sept cloches de Saint-Eustache ; vous voyez courir tout au travers des notes claires et rapides qui font trois ou quatre zigzags lumineux et s'évanouissent comme des éclairs. Là-bas, c'est l'abbaye Saint-Martin, chanteuse aigre et fêlée ; ici, la voix sinistre et bourrue de la Bastille ; à l'autre bout, la grosse tour du Louvre avec sa basse-taille. Le royal carillon du Palais jette sans relâche de tous côtés des trilles resplendissantes, sur lesquelles tombent à temps égaux les lourdes coupetées du beffroi de Notre-Dame qui les font étinceler comme l'enclume sous le marteau. Par intervalles vous voyez passer

V. HUGO ET LA POÉSIE FRANÇAISE AU XIXe SIÈCLE. 275

des sons de toute forme qui viennent de la triple volée de Saint-Germain-des-Prés. Puis encore, de temps en temps, cette masse de bruits sublimes s'entr'ouvre et donne passage à la strette de l'*Ave Maria*, qui éclate et pétille comme une aigrette d'étoiles. Au-dessous, au plus profond du concert, vous distinguez confusément le chant intérieur des églises qui transpire à travers les pores vibrants de leurs voûtes.

Certes, c'est là un opéra qui vaut la peine d'être écouté. D'ordinaire la rumeur qui s'échappe de Paris le jour, c'est la ville qui parle; la nuit, c'est la ville qui respire; ici, c'est la ville qui chante. Prêtez donc l'oreille à ce *tutti* des clochers, répandez sur l'ensemble le murmure d'un demi-million d'hommes, la plainte éternelle du fleuve, les souffles infinis du vent, le quatuor grave et lointain des quatre forêts disposées sur les collines de l'horizon comme d'immenses buffets d'orgue, éteignez-y ainsi que dans une demi-teinte tout ce que le carillon central aurait de trop rauque et de trop aigu, et dites si vous connaissez au monde quelque chose de plus riche, de plus joyeux, de plus doux, de plus éblouissant, que ce tumulte de cloches et de sonneries, que cette fournaise de musique, que ces dix mille voix d'airain chantant à la fois dans des flûtes de pierres hautes de trois cents pieds; que cette cité qui n'est plus qu'un orchestre, que cette symphonie qui fait le bruit d'une tempête.

V

RÉFORME DE LA VERSIFICATION

Après la grammaire et le vocabulaire de Victor Hugo, il nous reste à considérer sa versification, les règles ou les habitudes de sa *métrique*.

Bien qu'on rencontre dans ses poésies une très grande variété de rythmes, il n'en a point inventé de nouveaux [1]; le clavier de la versification française était complet depuis Ronsard, et Victor Hugo n'a pas même daigné faire usage de tous les rythmes heureux que le passé lui offrait.

La réforme du maître consiste ici, d'une part, en ce que l'alexandrin a été assoupli par ses puissantes mains et, comme on dit, *brisé;*

---

1. A moins que la grande strophe de l'ode à trois rimes féminines consécutives, et contenant ainsi douze vers au lieu

des passions, de la douleur, de la mort, traite ces thèmes éternels avec le sérieux de l'homme qui a aimé, qui a souffert, qui a senti la beauté de la création et sa cruelle ironie, qui a vécu enfin et pensé fréquemment à la mort inévitable.

Or, quel poète, je le demande, goûta jamais mieux que Victor Hugo la plénitude de vie qu'une existence humaine peut contenir dans ses bornes?

A peine sorti de l'adolescence, il a déjà connu les joies du pur amour et de la paternité; il lutte quelque temps contre la pauvreté qui aiguillonne son génie; il devient le chef du mouvement romantique, et dès lors il ne cesse de vivre entouré et acclamé par tout ce que la littérature et les arts comptent d'écrivains qui s'essayent et de maîtres illustres; au pinacle de la célébrité avant l'âge de trente ans, il éprouve l'ivresse vertigineuse de la gloire. l'immense volupté du talent qui jouit de ses forces, et, dans l'orgueil de son triomphe, il se plaît à défier, à irriter la critique, qu'il confond, par un excès de dédain superbe, avec la rage de l'impuissante envie.

Très différent des artistes désintéressés, des amoureux frivoles, des contemplateurs paresseux, qui se vantent pourtant d'être ses disciples. il veut se lancer comme Lamartine dans la mêlée humaine et joindre à sa puissante action littéraire l'honneur d'un grand rôle politique.

En 1843, la mort affreuse de sa fille et de son gendre le jette dans un deuil profond, dont l'activité de son esprit et l'énergie de sa volonté le font enfin sortir « pâle et vainqueur [1] ». Survient la terrible épreuve de 1851, la colère du proscrit, la douleur de l'expatrié, auxquelles se mêlait, pour les exaspérer, l'humiliant souvenir d'un manque de perspicacité politique et le remords amer d'une sorte de connivence de la muse trop aveuglée par l'éblouissement de la gloire impériale.

Pendant dix ans, la solitude profonde de Guernesey, le tête-à-tête avec l'océan et le gigantesque labeur poétique.

Puis, le retour de l'exil et l'accomplissement sinistre des prophéties du voyant; l'année terrible, les deux sièges, la guerre étrangère. la guerre civile; la mort de ses deux fils et de la

---

1. Maintenant que du deuil qui m'a fait l'âme obscure
Je sors pâle et vainqueur,
Et que je sens la paix de la grande nature
Qui m'entre dans le cœur.

A Villequier

V. HUGO ET LA POÉSIE FRANÇAISE AU XIXᵉ SIÈCLE.

d'autre part, en ce qu'il a restitué son importance à la rime.

Dans la pièce des *Contemplations* déjà deux fois citée, qui a pour titre *Réponse à un acte d'accusation*, le poète, après le récit de sa révolution dans la langue et les mots, décrit de la façon suivante celle qu'il a faite dans le vers français :

> Le vers, qui sur son front
> Jadis portait toujours douze plumes en rond,
> Et sans cesse sautait sur la double raquette
> Qu'on nomme prosodie et qu'on nomme etiquette,
> Rompt désormais la règle et trompe le ciseau,
> Et s'échappe, volant qui se change en oiseau,

de dix, ne soit de son invention. Elle est d'une ampleur magnifique, d'un souffle qui enlève et qui entraîne :

> Que n'ai-je un de ces fronts sublimes,
> David ! mon corps, fait pour souffrir,
> Du moins sous tes mains magnanimes
> Renaîtrait pour ne plus mourir !
> Du haut du temple ou du théâtre,
> Colosse de bronze ou d'albâtre,
> Salué d'un peuple idolâtre,
> Je surgirais sur la cité,
> Comme un géant en sentinelle,
> Couvrant la ville de mon aile
> Dans quelque attitude éternelle
> De génie et de majesté !
>
> *A M David, statuaire*

Cette belle strophe serait d'ailleurs, en tout cas, moins une invention proprement dite qu'une sorte de restauration et de perfectionnement. Car déjà la versification si variée du moyen âge nous offre maint exemple qui s'en approche beaucoup.

16

De la cage césure, et fuit vers la ravine,
Et vole dans les cieux, alouette divine.

Ailleurs, il dit :

J'ai disloqué ce grand niais d'alexandrin [1],

et, dans la préface de *Cromwell*, il appelait de ses vœux « un vers libre, franc, loyal... sachant briser à propos et déplacer la césure pour déguiser sa monotonie d'alexandrin; plus ami de l'enjambement qui l'allonge que de l'inversion qui l'embrouille; fidèle à la rime, cette esclave-reine, cette suprême grâce de notre poésie, ce générateur de notre mètre. »

Comme nous l'avons vu tout à l'heure pour le libre usage des mots de la langue, la réforme de Victor Hugo est ici, jusqu'à un certain point un retour à la tradition des maîtres, à d'excellentes pratiques abandonnées. Notre triste poésie du dix-huitième siècle rimait déplorablement; au lieu de réserver pour la fin du vers les mots importants et sonores de la phrase, elle rejetait presque toujours à la rime les idées faibles et les sons insignifiants, deux adjectifs, par exem-

---

[1]. *Quelques mots à un autre.*

ple, ou deux infinitifs de même nature. *affreuse*
et *malheureuse*, *révéler* et *céler* :

> Est-ce là cette reine auguste et *malheureuse*,
> Celle de qui la gloire et l'infortune *affreuse*
> Retentit jusqu'à moi dans le fond des déserts ?
> VOLTAIRE, *Mérope*.

> Je vais te *révéler*
> Des secrets qu'à ta foi je ne puis plus *céler*.
> (Exemple cité par M. Th. de Banville.)

Voilà de pauvres rimes, quoiqu'elles aient bien assez de lettres consonantes, puisqu'elles en ont même un peu plus que ce qui suffit strictement. La médiocrité des rimes est l'usage constant au dix-huitième siècle.

Quelques faiblesses accidentelles dont on a fait trop de bruit ne doivent point nous empêcher de dire qu'en règle générale il n'en avait pas été ainsi des grands poètes de notre belle époque classique. Malherbe, Corneille, Molière, Racine, tous enfin, à l'exception de La Fontaine, qui n'est pas un modèle en tant que rimeur et qui semble avoir continué sur ce point les errements du XVIe siècle où la valeur de la rime n'était pas encore comprise [1], à l'exception aussi du brave

---

1. M. Becq de Fouquières cite un exemple topique de ce dé-

Boileau, qui n'a pas toujours réussi dans ses plaisants efforts pour « attraper » la rime, et qui d'ailleurs n'est pas un grand poète, tous nos grands classiques en général riment avec un soin très suffisant au delà duquel il n'y a plus qu'excès puéril et dangereux. Voici, à titre d'exemple, seize vers consécutifs du célèbre discours de Cinna aux conjurés, que je cite afin d'établir nettement aux yeux du lecteur le caractère essentiel de la rime riche dans notre poésie classique :

> Lui mort, nous n'avons point de vengeur ni de maître
> Avec la liberté Rome s'en va renaître ;
> Et nous mériterons le nom de vrais Romains,
> Si le joug qui l'accable est brisé par nos mains.
> Prenons l'occasion tandis qu'elle est propice
> Demain au Capitole il fait un sacrifice ;
> Qu'il en soit la victime, et faisons en ces lieux
> Justice à tout le monde à la face des dieux.

faut d'oreille et d'intelligence musicale des poètes du seizième siècle. Ce sont ces vers de Ronsard, parlant de la vertu

> Si elle s'augmentait, sa force fût montée
> Au plus haut periode, et tout serait ici
> Vertueux et parfait, ce qui n'est pas ainsi.

Periode et *parfait* étant les mots de valeur, tandis que *ici* et *ainsi* n'ont aucune importance, ces vers, pour être bien faits, devraient être retournés de la façon suivante :

> Sa force fût montée au plus haut période,
> Et tout serait ici vertueux et parfait

Voy. le *Traité général de versification française*, p. 74

V. HUGO ET LA POÉSIE FRANÇAISE AU XIXe SIÈCLE.

Là, presque pour sa suite il n'a que notre troupe ;
C'est de ma main qu'il prend et l'encens et la coupe ;
Et je veux pour signal que cette même main
Lui donne, au lieu d'encens, d'un poignard dans le sein.
Ainsi d'un coup mortel la victime frappée
Fera voir si je suis du sang du grand Pompée ;
Faites voir, après moi, si vous vous souvenez
Des illustres aïeux de qui vous êtes nés.

Voilà de belles et bonnes rimes ; mais remarquons bien ce qui constitue surtout leur excellence : la richesse des rimes de Corneille consiste beaucoup moins dans la quantité de lettres ou de syllabes pareilles alignées les unes au-dessous des autres que dans l'importance et la sonorité des mots dont le grand poète a instinctivement fait choix pour terminer chacun de ses vers. *Main* et *sein*, *sacrifice* et *propice*, *maître* et *renaître*, ne sont, par elles-mêmes, que des rimes suffisantes ; mais ce sont les mots nécessaires, et la valeur solide de l'idée communiquant sa force à la rime, celle-ci fait dès lors aussi bonne figure pour le moins que si elle s'appuyait sur un cortège brillant de consonnes.

Comme la rime riche bien entendue, la « dislocation » de l'alexandrin n'était pas non plus chose nouvelle, du moins *dans une certaine mesure :* réserve indispensable, car la principale différence du vers classique et du vers appelé romantique, faute d'un meilleur mot, consistant en ce que le second est plus librement coupé, on la ferait totalement disparaître pour peu qu'on exagérât la ressemblance des bons vers de l'un et de l'autre type[1]. Cette ressemblance existe pourtant, et nous ne pouvons pas accepter comme la vraie formule du vers classique la fameuse règle de Boileau :

> Que toujours dans vos vers le sens coupant les mots
> Suspende l'hemistiche...

Le bon Boileau, ouvrier exact, fabriquait avec une louable application des vers bien carrés et solides ; mais de grands artistes, tels que Racine et La Fontaine, ont maintes fois donné à l'alexandrin classique un aspect plus varié et plus intéressant que cette symétrie parfaitement régulière qui le faisait comparer par Stendhal aux deux branches d'une pincette.

Pour prendre mon premier exemple au cœur même de la poésie classique, les vers suivants du songe d'Athalie :

---

[1]. Et en effet, comme on le verra plus loin (note de la page 304), il n'y a aucune différence *fondamentale* entre les bons vers classiques et les bons vers romantiques.

V. HUGO ET LA POÉSIE FRANÇAISE AU XIXe SIÈCLE.

> Ses malheurs n'avaient point abattu sa fierté...
> Et moi, je lui tendais les mains pour l'embrasser...
> Un jeune enfant couvert d'une robe éclatante..

ne sont point coupés par le milieu en deux parties égales.

Aman, dans *Esther*, nous peint Mardochée

> Revêtu de lambeaux, tout pâle; mais son œil
> Conservait sous la cendre encor le même orgueil.

> L'aimable Bérénice entendrait de ma bouche
> Qu'on l'abandonne!...

s'écrie Antiochus, à qui une pareille supposition semble couper l'haleine et la voix. Phèdre, affolée de honte après l'aveu qu'elle a fait à Hippolyte, voudrait mourir de sa main et lui offre sa vie en vers précipités, haletants, que la passion entrecoupe et brise :

> Crois-moi, ce monstre affreux ne doit point t'échapper.
> Voilà mon cœur. C'est là que ta main doit frapper.
> Impatient déjà d'expier son offense,
> Au-devant de ton bras je le sens qui s'avance.
> Frappe. Ou si tu le crois indigne de tes coups,
> Si ta haine m'envie un supplice si doux,
> Ou si d'un sang trop vil ta main serait trempée,
> Au défaut de ton bras prête-moi ton épée!
> Donne.

Les Plaideurs sont versifiés d'un bout à l'autre avec une liberté qui, par endroits, fait presque ressembler cet ouvrage à un contemporain d'*Hernani* :

> Il m'avait fait venir d'Amiens pour être suisse..
> Ma foi! j'étais un franc portier de comedie...
> C'est dommage : il avait le cœur trop au metier,
> Tous les jours le premier aux plaids, et le dernier...
> Il fit couper la tête à son coq, de colère...
> Et voilà comme on fait les bonnes maisons! Va,
> Tu ne seras qu'un sot...
> Mais j'aperçois venir madame la comtesse
> De Pimbesche, etc., etc.

Ce dernier exemple d'enjambement est le *nec plus ultra* de la dislocation de l'alexandrin classique; Victor Hugo n'a certainement pas montré plus d'audace lorsqu'il écrivit ce vers qui souleva en son temps de si violentes tempêtes :

> Serait-ce deja lui? c'est bien à l'escalier
> Dérobé...[1]

La vache, faisant à l'homme son procès dans une des plus belles fables de La Fontaine, termine son réquisitoire par ces vers. qu'on dirait coupés à la plus élégante mode romantique :

> Même j'ai rétabli sa santé, que les ans
>   Avaient altérée; et mes peines
> Ont pour but son plaisir ainsi que son besoin.
> Enfin me voilà vieille, il me laisse en un coin

---

1. *Hernani*, I, 1.

Sans herbe : s'il voulait encor me laisser paître !
Mais je suis attachée ; et si j'eusse eu pour maître
Un serpent, eût-il su jamais pousser si loin
L'ingratitude? Adieu : j'ai dit ce que je pense[1].

Des vers pareils sont, dans la mélodie un peu monotone de l'ancienne phrase poétique française, comme le prélude de l'harmonie savante de l'avenir. J'imagine que les opéras fort simples de Lulli doivent contenir de même, aux meilleures pages, quelques endroits d'une orchestration un peu plus compliquée qui forment une espèce de transition à Gluck et à Beethoven. De telles transitions sont nécessaires, et pas plus en poésie qu'en musique, ni que dans les autres arts, l'éducation de l'oreille ou des yeux, l'apprentissage des sens et de l'esprit ne se fait en un jour.

---

1. *L'Homme et la Couleuvre.* — Les exemples de vers classiques librement coupés, quand on se met à en chercher, abondent, et ils abondent ailleurs que chez La Fontaine et chez Racine. Sans insister sur le fameux enjambement de Gros René, dans *le Dépit amoureux* :

> Les flots contre les flots font un remu-ménage
> Horrible...

voici quelques vers notés au hasard de la lecture dans *les Femmes savantes*, c'est-à-dire dans la pièce la plus régulièrement versifiée de Molière :

> Enfin les quatrains sont admirables tous deux (V. 801)
> Je n'ai point encor vu d'hommes, comme je crois (V. 891)
> Permettez-moi, monsieur Trissotin, de vous dire (V. 1337).

Dans son *Traité général de versification française*, M. Becq de Fouquières suppose le vieux peintre Timanthe placé devant un tableau de Paul Véronèse, le vieux musicien Terpandre écoutant une symphonie de Beethoven, le vieux poète Thespis assistant à la représentation d'un drame de Shakespeare, et il se demande ce qu'ils auraient éprouvé? Une surprise fort désagréable, à coup sûr, une réelle souffrance, « jusqu'à ce que leur esprit, leurs yeux, leurs oreilles eussent pu s'habituer à ces innombrables combinaisons d'idées, de couleurs et de sons, dont l'humanité a mis tant de siècles à saisir et à goûter les rapports ». Les contemporains de Racine auraient été cruellement blessés par la discordance des vers de Victor Hugo ; mais les contemporains de Victor Hugo ont osé trouver mortellement ennuyeuse la monotonie relative des vers de Racine.

J'ignore si dans un avenir plus ou moins éloigné Victor Hugo paraîtra monotone à son tour. On serait tenté de le croire, au train dont vont les choses ; car déjà les discordances de sa versification sont étrangement dépassées, et si nous le comparons à certains bourreaux du vers français sortis de son école, nous trouverons qu'il ressemble bien moins à un révolutionnaire qu'à un conservateur. Victor Hugo a toujours respecté dans ses plus grandes audaces ce que j'appellerai la loi constitutive de l'alexandrin français, respectée avant lui par La Fontaine, le plus libre des poètes classiques, et par André Chénier, le vrai fondateur du vers romantique et le plus éminent de ses précurseurs immédiats.

Cette loi essentielle, qu'on ne peut enfreindre sans que le vers s'écroule et se fonde en prose, c'est qu'il doit être toujours facile à la première audition de vérifier la mesure d'un alexandrin, et, pour cela, de le diviser instantanément en deux groupes de six syllabes, quelles que soient d'ailleurs les autres césures que l'art du poète ait pu vouloir accuser [1]. Le lecteur qui sait lire

---

1. C'est à M. Guyau que revient l'honneur d'avoir rétabli le premier, contre certaines théories étranges de M. Becq de Fouquières, ce caractère essentiel de l'alexandrin français, qu'il soit romantique ou classique. Il n'est peut-être pas absolument nécessaire que la mesure du vers se fasse dans tous les cas au moyen d'un compte de deux fois six syllabes; mais il faut que, de quelque façon que ce soit, l'esprit puisse toujours le mesurer vite et facilement. Le vers suivant de Baudelaire :

Chacun plantant — comme un outil — son bec impur,

n'est guère séparable qu'en trois groupes de quatre syllabes chacun; mais les césures sont aussi nettes et le compte de ne s'arrêtera pas, sans motif logique, entre la sixième et la septième syllabe; mais il faut, pour que son oreille soit satisfaite, qu'il aperçoive infailliblement à tout coup et trouve, sans avoir besoin de la chercher, la place de cet arrêt normal qu'il supprime. Les vers où ce point de repère se dérobe entièrement, où l'esprit ne distingue d'abord nulle mesure, ne sont point des vers.

Telles sont les *lignes* suivantes qui ont douze syllabes, mais qui pourraient en avoir onze, treize, quinze ou dix-sept sans être plus boiteuses, plus radicalement dépourvues de toute espèce de cadence, de nombre et d'harmonie :

Ton cœur, jeune homme, est la source où chacun veut
[boire.]
(M. Jean Aicard.)

Des brises tiedes qui font défaillir le cœur.
(M. Guy de Maupassant.)

douze aussi aisé à trouver que celui de neuf dans cet exemple fameux d'un vers de neuf syllabes :

Je te perds — fugitive — espérance

La vérité est qu'en dehors de la césure classique il y a *fort peu* d'autres combinaisons de syllabes qui permettent à l'oreille de mesurer le vers rapidement, et l'erreur capitale de M. Becq de Fouquieres est d'avoir cru à l'existence ou à la possibilité d'un nombre beaucoup trop considérable de mesures diverses du vers romantique, parce qu'il a méconnu dans la plupart des cas l'imprescriptible loi de l'hémistiche.

V. HUGO ET LA POESIE FRANÇAISE AU XIX· SIECLE.

Lents, courbés, et sur leurs manteaux croisant les mains.
>(M. Catulle Mendès.)

Tout l'ensemble de sa vision meurtrière.
>(Mlle Louisa Siefert.)

Lui qui vecut dans les murs froids d'une mansarde.
>(M. François Coppée.)

Et ce centre, tu le sais bien, n'existe point.
. . . . . Sache voir l'univers
Autrement que comme un poème [1].
>(M. Jean Richepin.)

Quand le vers en est là, sa ruine étant complète, la prétention serait un peu forte de vouloir encore le régler, le maintenir, et d'empêcher, par exemple, le même mot d'occuper à la fois l'un et l'autre hémistiche, comme dans le distique suivant :

Le train parti de Versailles pour Saint-Lazare,
Étant omnibus, s'arrêtait à chaque gare [2].

---

[1]. Je ne range point au nombre de ces lignes faussement appelées *vers* l'alexandrin suivant de M. Théodore de Banville·

Les clairs feuillages sous les rayons semblaient luire,

parce qu'ici il y a un *effet* qui peut justifier très exceptionnellement l'excessive irrégularité de la coupe.

[2]. Je change un peu deux vers tirés d'une charge spirituelle et amusante dont l'auteur est M. Jules Lemaître; mais on sait assez qu'il ne manque pas, dans la poésie contemporaine, de vers analogues écrits de bonne foi, puisqu'un poete comme M. Jean Aicard (sans parler des *décadents*) a bien dit ou plutôt fort mal dit :

Et j'aspire ton souvenir avec ivresse

Il est d'ailleurs beaucoup plus facile d'admettre, à titre d'excep-

Voilà la versification du progrès. je n'ose pas dire la poésie de l'avenir!

Sans doute, Victor Hugo a poussé plus loin que La Fontaine et même qu'André Chénier les effets nouveaux de rythme poétique dus à des discordances qui ne sont qu'apparentes et qui se résolvent en harmonie pour toute oreille convenablement exercée; mais jamais il n'est allé jusqu'à rompre l'équilibre nécessaire du mètre. Les vers absolument boiteux, comme ceux dont je viens de donner des échantillons sont introuvables dans les poésies de toute sa belle époque, et je doute fort qu'on pût en découvrir même dans celles de sa caducité. car la décadence chez Victor Hugo a eu pour caractère l'appauvrissement de la substance, non point le relâchement de la forme; en devenant de plus en

---

tion rarissime, bien entendu, certains vers ou l'hémistiche s'efface *au milieu* d'un beau mot significatif et sonore, que ceux ou l'hémistiche s'accroche et se heurte à de gauches particules monosyllabiques. C'est ainsi que le vers suivant de Baudelaire (ou de M. Richepin) :

<blockquote>Et nous allons appareiller pour les étoiles</blockquote>

est infiniment plus harmonieux et plus facile a mesurer que les absurdes échantillons cités tout à l'heure. Ce vers se scande en effet de la meilleure grâce du monde en trois groupes de quatre syllabes :

<blockquote>Et nous allons — appareiller — pour les étoiles</blockquote>

V. HUGO ET LA POÉSIE FRANÇAISE AU XIXᵉ SIECLE.

plus vides de pensée et finalement d'imagination, ses vers ont conservé jusqu'à la fin leur ancienne fermeté de structure.

Le *Poème du Jardin des plantes*, dans *l'Art d'être grand-père*, s'ouvre par ces alexandrins, dont presque aucun n'a la césure classique, mais que tout esprit un peu cultivé mesurera aussi vite et aussi facilement que des hexamètres de Boileau :

> Le comte de Buffon fut bonhomme. Il crea
> Ce jardin imité d'Evandre et de Rhéa
> Et plein d'ours plus savants que ceux de la Sorbonne.
> Afin que Jeanne y puisse aller avec sa bonne ;
> Buffon avait prévu Jeanne, et je lui sais gre
> De s'être dit qu'un jour Paris un peu tigre,
> Complétant ses bourgeois par une variante,
> La bête, enchanterait cette âme souriante ;
> Les enfants ont des yeux si profonds, que parfois
> Ils cherchent vaguement la vision des bois ;
> Et Buffon paternel, c'est ainsi qu'il rachète
> Sa phrase sur laquelle a traîné sa manchette,
> Pour les marmots, de qui les anges sont jaloux,
> A fait ce paradis suave, orne de loups

Torquemada, dans le drame qui porte son nom, demande à François de Paule s'il fait des miracles, et le saint lui répond en beaux vers, librement et admirablement coupés, qu'il ne fait pas de miracles, mais qu'il adore Celui qu'il voit en faire :

J'en vois Tous les matins l'aube argente les eaux,
L'énorme soleil vient pour les petits oiseaux,
La table universelle aux affamés servie
Se dresse dans les champs et les bois, et la vie
Emplit l'ombre, et la fleur s'ouvre, et le grand ciel bleu
Luit ; mais ce n'est pas moi qui fais cela, c'est Dieu.

J'ai pris à dessein mes exemples dans les dernières ou dans les moindres productions du grand poète ; car, si je remontais aux chefs-d'œuvre, il me deviendrait trop facile, trop difficile plutôt, au milieu de tant de richesses, de choisir les spécimens les plus remarquables de discordance savante et harmonieuse. Je n'en rapporterai qu'un de cette classe, tout simplement celui que cite M. Becq de Fouquières, le duel de Roland et d'Olivier dans *la Légende des siècles* :

Le duel reprend. La mort plane, le sang ruisselle,
Durandal heurte et suit Closamont, l'étincelle
Jaillit de toutes parts sous leurs coups répétés.
L'ombre autour d'eux s'emplit de sinistres clartés.
Ils frappent ; le brouillard du fleuve monte et fume,
Le voyageur s'effraye et croit voir dans la brume
D'étranges bûcherons qui travaillent la nuit.

Le jour naît, le combat continue à grand bruit,
La pâle nuit revient ; ils combattent, l'aurore
Reparaît dans les cieux, ils combattent encore

Examinez presque tous les alexandrins de

Victor Hugo (et je ne sais vraiment pourquoi je dis *presque*, admettant par excès de scrupule la possibilité d'une exception dont je ne pourrais point produire d'exemple), examinez *tous* les alexandrins de Victor Hugo : vous trouverez toujours, au sixième pied, une syllabe assez fortement accentuée pour que la voix, si elle ne s'y repose pas tout à fait, puisse faire une demi-halte rapide, le temps de s'assurer que le vers a son compte : jamais par conséquent de ces particules, telles qu'un article ou une préposition monosyllabique, qui, n'ayant point d'existence indépendante et faisant corps avec le mot qui suit, ne peuvent être placées au milieu de l'hexamètre sans le faire ressembler à un polichinelle bâti tout de travers, qui butte, trébuche, tombe et se casse le nez[1].

---

1. Une oreille délicate appréciera la différence entre les vers absolument boiteux, comme ceux que j'ai cités tout à l'heure, et les alexandrins suivants, qui, pour être les plus désarticulés que Victor Hugo ait écrits à ma connaissance, se tiennent néanmoins sur leurs pieds, en équilibre instable, mais en équilibre :

> Ces gueux ont commis plus de crimes qu'un évêque
> N'en bénirait
> (*Les Châtiments* — *On loge à la nuit*)

> Toutes ces femmes, tous ces vieillards, tous ces hommes
> (*Torquemada*, II, 2)

Dans le premier de ces deux vers le mot *plus* a une importance énorme ; la voix du lecteur peut presque s'y arrêter et

En « disloquant ce grand niais d'alexandrin », Victor Hugo a cru peut-être qu'il se permettait et qu'il autorisait toutes les audaces ; mais son infaillible instinct musical a toujours maintenu sa liberté dans de justes bornes. La versification du maître est autrement correcte que celle de son école étourdie. Bien qu'il ait trop multiplié les

doit en tout cas y insister fortement. Quant à l'adjectif *tous* du second exemple, quoique moins important ici que l'adverbe *plus*, il a une bien autre valeur qu'un simple article ou qu'une préposition. — Un dernier exemple achèvera de montrer à quelle limite infranchissable Victor Hugo arrête la dislocation de l'alexandrin, et quel abîme il y a entre la versification du maître et celle de son école. Il ose bien écrire :

> La loi
> Veut qu'il soit seul pendant la nuit qui le fait roi,

mais il ne va *jamais* jusqu'à ce désordre complet, dont tel de ses disciples serait fort capable :

> La loi
> Veut qu'il reste seul dans la nuit qui le fait roi.

Un très léger arrêt de la voix est encore possible après *pendant* ; il devient absolument impossible après *dans*. Victor Hugo dit de même :

> J'ai dans le livre, avec le drame, en prose, en vers,
> Plaidé pour les petits et pour les misérables,

mais non point :

> J'ai dans le livre et le drame, en vers comme en prose,
> Plaidé.

Depuis que cette note a été écrite, j'ai découvert dans Victor Hugo un vers vraiment boiteux ; mais on peut dire que le poète n'en est pas entièrement responsable, puisque ce vers se trouve dans un ouvrage posthume :

> Prenant on ne sait quels plus informes pour guides
> *(La Fin de Satan, p 297)*

contretemps pour qu'ils puissent produire partout les puissants effets que ceux des poètes classiques tirent de leur rareté même, il ne les a pas prodigués, comme ses disciples maladroits, au hasard et en dépit du sens.

Il arrive même quelquefois qu'en appliquant le métronome classique à certains alexandrins de Victor Hugo, on restitue aux sons et à l'idée une valeur que leur avait fait perdre une prosodie trop prompte à les ranger dans la classe des hexamètres coupés selon la nouvelle mode. Tel est ce beau vers du *Satyre*, mal scandé par M. Becq de Fouquières, mais dont M. Guyau a rétabli la vraie mesure [1] :

Les dieux dressés voyaient — grandir l'être effrayant.

Il faut évidemment que le lecteur « suspende l'hémistiche » pour que le mot *grandir*, détaché et mis en saillie, prenne toute son importance.

Tel est encore ce vers d'*Eviradnus*, dont toute l'idée consiste dans une opposition qu'on ne peut rendre sensible qu'en appuyant fortement sur le mot de l'hémistiche :

---

1. Article sur l'*Esthétique du vers moderne* dans la *Revue philosophique* de février 1884. M. Becq de Fouquières scande à tort :

Les dieux dressés — voyaient grandir — l'être effrayant

Il est grand et blond ; l'autre — est petit, pâle et brun.

Et tel est enfin ce vers délicieux du même poème, où nous entendons dans le lointain une mélodie qui tremble, qui expire.

Et la voix qui chantait
S'éteint comme un oiseau ⌣ se pose : tout se tait.

Image d'une application charmante au sujet qui nous occupe. C'est avec la même légèreté d'oiseau que la voix du lecteur doit pouvoir se poser toujours sur l'hémistiche des vers romantiques.

La rime étant, dans tout vers bien fait, un mot de valeur, significatif par le son qu'il fait entendre comme par l'idée qu'il exprime, elle doit être particulièrement riche et soignée dans l'alexandrin romantique. On comprend, en effet, qu'il faut compenser les discordances par un redoublement de sonorité finale, et battre la mesure au terme de chaque vers avec d'autant plus de force et d'éclat qu'elle paraît, dans le reste des douze temps, moins distincte et moins nette. La rime riche est le prix du vers brisé.

Victor Hugo rime très richement. Le fait est

tellement connu qu'il serait inutile d'en produire des exemples, si je ne tenais pas essentiellement à montrer par une citation de Victor Hugo, comme je l'ai déjà fait par une citation de Corneille, en quoi consiste proprement l'excellence et la richesse des rimes. Il ne s'agit point, encore une fois, d'aligner l'une au-dessous de l'autre les plus longues suites possibles de lettres et de syllabes consonantes, mais de choisir, pour terminer chaque vers, les mots les plus expressifs et les sons les plus pleins.

Voici, dans *le Satyre*, un lever de soleil mythologique, dont la splendeur éblouissante égale les plus brillants tableaux d'Homère et de toute l'antiquité ; on y remarquera que les voyelles et les diphtongues finales, toutes éclatantes et sonores au plus haut point, ne sont pourtant pas précédées toujours de consonnes qui riment ensemble :

C'était l'heure où sortaient les chevaux du soleil.
Le ciel, tout frémissant du glorieux reveil,
Ouvrait les deux battants de sa porte sonore ;
Blancs, ils apparaissaient formidables d'aurore ;
Derrière eux, comme un orbe effrayant couvert d'yeux,
Éclatait la rondeur du grand char radieux ;
On distinguait le bras du dieu qui les dirige,
Aquilon achevait d'atteler le quadrige ;

> Les quatre ardents chevaux dressaient leur poitrail d'or,
> Faisant leurs premiers pas, ils se cabraient encor
> Entre la zone obscure et la zone enflammée ;
> De leurs crins d'où semblait sortir une fumée
> De perles, de saphirs, d'onyx, de diamants,
> Dispersée et fuyante au fond des éléments,
> Les trois premiers, l'œil fier, la narine embrasée,
> Secouaient dans le jour des gouttes de rosée ;
> Le dernier secouait des astres dans la nuit.

Faisons la part de la critique. En matière de rimes, comme en matière de vocables, il arrive trop souvent à Victor Hugo de se laisser aller au malin plaisir de faire feu de toutes les pièces de son étourdissante artillerie, sans autre but que de prendre ses ébats, d'affirmer bruyamment sa force, de faire peur aux classiques et d'étonner le monde. Il y a chez lui un grand poète et un prestidigitateur, dont l'habileté n'est nulle part plus amusante, ou plus affligeante, que lorsqu'il jongle avec les rimes.

Le fameux début de *Ratbert* est une nomenclature sonore de noms propres, car les noms propres sont la grande et suprême ressource du poète à l'affût de rimes riches et rares ; on y voit figurer

> Spinola, qui prit Suse et qui la ruina,
> Jean de Carrara, Pons, Sixte Malaspina

V. HUGO ET LA POÉSIE FRANÇAISE AU XIX° SIÈCLE.

Au lieu de pique ayant la longue épine noire,
Ugo, qui fit noyer ses sœurs dans leur baignoire..

L'exarque Sapaudus que le Saint-Siège envoie,
Senèque, marquis d'Ast. Bos, comte de Savoie,
Le tyran de Massa, le sombre Albert Cibo
Que le marbre aujourd'hui fait blanc sur son tombeau,
Ranuce, caporal de la ville d'Anduze,
Foulque, ayant pour cimier la tête de Méduse,
Marc, ayant pour devise · IMPERIUM FIT JUS,
Entourent Afranus, évêque de Fréjus.

Le dénombrement de l'armée de Xerxès, dans la seconde partie de *la Légende des siècles*, renchérit sur le début de *Ratbert* et ressemble à une parodie de Victor Hugo par lui-même, tant les rimes rares et les noms étranges y font un plaisant charivari! L'effet comique, à la longue, est irrésistible, et l'on ne peut achever, sans être pris de fou rire, cette interminable litanie. où défilent :

Hermamythre, Masange, Acris, Artaphernas...
Les Saces, les Micois, les Parthes, les Dadyces,
Les Lygiens, pour bain cherchant les immondices...
Artec et Sydamnès, rois du pays des fièvres,
Et les noirs Caspiens, vêtus de peaux de chèvres...
Les Sardes, conquérants de Sardaigne et de Corse
Les Mosques tatoués sous leur bonnet d'écorce,
Les Gètes, et, hideux, pressant leurs rangs épais

> Les Bactriens, conduits par le mage Hystapes ;
> Les Tybarènes, fils de races disparues,
> Ayant des boucliers couverts de peaux de grues, etc.

et où se trouve, entre autres curiosités d'érudition, ce renseignement historique :

> Le royal char d'ébène
> Avait, sur son timon *de structure thébaine*,
> Pour cocher *un seigneur nommé Patyramphus*[1].

Après tout, puisque nous avons ri, de quoi pourrions-nous donc nous plaindre ou nous fâcher ? Il plaît à l'auteur de *Napoléon II* et de la *Tristesse d'Olympio* d'écrire *le Pas d'armes du*

---

[1]. Le poème d'*Alaric* par Scudéry contient un dénombrement du même genre, aussi haut monté en couleur locale. C'est M. Julien Duchesne qui nous l'apprend dans sa thèse sur *les Poèmes épiques français du dix-septième siècle* (1870). « Il y a, écrit-il, de la vérité dans le dénombrement de l'armée d'Alaric : on regarde avec surprise défiler ces archers sauvages au front ombragé de plumes de vautours ; ces Danois aux blonds cheveux, aux yeux verts et ardents ; ces chasseurs de Livonie et des mers glacées qui, sortant du climat aux longues nuits, s'avancent avec la fronde et l'épieu ; ceux des îles Alandes :

> Ils portent pour pavois des écailles si grandes
> Que, lorsqu'il faut camper, le soldat qui s'en sert
> En fait comme une hutte et s'y met à couvert »

La citation, très bien choisie, m'a donné la curiosité de lire ces pages, contenues au livre II du poème ; mais je préviens les amateurs qui seraient tentés du même désir, qu'ils y trouveront bien du prosaïsme et du poncif mêlés aux traits pittoresques.

V. HUGO ET LA POÉSIE FRANÇAISE AU XIXe SIÈCLE.

roi Jean, *les Djinns*, *les Trois cents* : pourquoi pas? L'arc d'Ulysse doit-il donc être toujours tendu? Corneille n'a-t-il écrit que des vers héroïques? et si Newton avait composé un vaudeville, comme l'eût souhaité Voltaire, en serait-il moins Newton? Ce sont là jeux de prince, parfaitement légitimes : la plénitude de la force, de la santé, de la vie, ne va jamais sans quelque exubérance, et c'est un pédantisme de froncer le sourcil à leurs manifestations joyeuses [1].

Si le tableau de l'armée de Xerxès est risible, c'est que l'énumération de tant de noms baroques et de tant de qualifications saugrenues plus ou moins suggérées par la rime, contras-

---

1. C'est de la même gaieté gigantesque d'Hercule en goguette que procèdent ces énormes facéties des *Chansons des rues et des bois* qui ont causé tant de scandale :

> On entendait Dieu dès l'aurore
> Dire : As-tu déjeuné, Jacob?
> . . . .
> Le mouton disait Notre Père,
> Que votre sainfoin soit béni!

Le rimeur, chez Victor Hugo, pousse la plaisanterie jusqu'à fabriquer des noms propres de lieux et d'hommes qui n'ont jamais existé. Ce beau vers harmonieux de *Booz endormi* :

> Tout reposait dans Ur et dans Jérimadeth,

a enrichi la géographie biblique d'une ville entièrement inconnue de tous les hébraïsants.

tant avec la gravité supposée du narrateur, met par une sorte d'effet purement physique le lecteur en gaieté ; ce n'est point que l'idée de ce long dénombrement soit ridicule. Rien n'était plus propre, au contraire, à nous donner la vive impression de l'immense troupeau d'hommes qui, des contrées les plus diverses de l'Asie, faisait irruption sur la Grèce. Reconnaissons donc à la plume du grand poète le droit de se livrer, quand il lui plaît, à une sorte de gymnastique amusante, et reconnaissons aussi que, bien loin de pouvoir jeter aucune ombre sur sa gloire, ces prodigieux exercices de rime et de nomenclature ne font qu'ajouter à sa couronne royale quelques fleurs bizarres qui ont leur prix[1].

Ici encore, comme pour la coupe du vers

---

1. Paul de Saint-Victor dit admirablement : « J'accorde les défauts, aussi âpres et aussi saillants que les nœuds d'un chêne et les aspérités d'une montagne : concetti bizarres, métaphores poussées à outrance, calembours baroques, incongruités d'idées et de rimes. Mais censure qui voudra ces boutades de la force en verve : ce sont là jeux de colosse. Les gaîtés herculéennes de Victor Hugo me rappellent celles de Samson, le héros biblique. Samson s'amusait à proposer des énigmes, et il faisait aux Philistins des farces énormes. Il emportait sur son dos les portes de leur ville, et il lançait dans leurs champs trois cents chacals traînant à leurs queues des tisons ardents. Mais, en même temps, le héros remplissait d'exploits Israël : il luttait, corps à corps, contre les lions, et, de leur gueule déchirée, il tirait des rayons de miel. »

alexandrin, ce sont les naïfs écoliers du maître qui méritent seuls le blâme de la critique.

Selon l'usage de tous les imitateurs, leur plus haute ambition a été de singer certains traits faciles à attraper et qu'il suffisait de forcer un peu pour travestir un noble modèle en caricature. Ils ont fermé leur âme et leur intelligence au sentiment des véritables chefs-d'œuvre que le cœur ou que le génie a inspirés; mais, l'oreille grisée par un vain carillon de mots et de rimes, ils ont mis la première page de *Ratbert* au-dessus de tout ce que Victor Hugo a écrit, ils ont admiré le vers suivant de Racine comme le plus beau de ce poète :

La fille de Minos et de Pasiphae,

et ils ont imaginé la chinoiserie de la rime non point riche, mais richissime, facteur unique du vers français et sa dominatrice absolue.

C'est avec cet excès que la rime est glorifiée dans le *Petit traité de poésie française*, de M. Théodore de Banville, opuscule fort spirituellement écrit, mais superficiel et tranchant, et qui doit à ce défaut non moins qu'à ses mérites sa vogue et son autorité.

Le grand regret de M. de Banville est que

Victor Hugo n'ait pas rendu une liberté complète à l'alexandrin, affranchi désormais de toute règle intérieure et « mâchant seulement dans sa bouche écumante le frein d'or de la rime ». L'ingénieux écrivain n'a pas l'air de s'être avisé que, si la césure classique est démodée [1], une certaine division des mots et des syllabes, une *juste cadence*, n'en demeure pas moins indispensable à toute versification, et qu'aucune splendeur de rime ne saurait avoir pour effet de remettre sur ses pieds un vers absolument boiteux.

Il répète après Sainte-Beuve, qui a pour excuse de l'avoir dit en vers, que la rime est l'*unique harmonie* du vers français : exagération évidente, car « le chatouillement de la rime riche touche moins l'oreille que la musique intérieure et profonde du rythme ».

1. Et encore, *plus des quatre cinquièmes* des vers modernes, comme M. Becq de Fouquières lui-même le remarque, sont construits selon les formes du vers classique! Quand on réfléchit à cette disproportion et à l'absolue nécessité où est tout vers de conserver au moins une ombre de césure à l'hémistiche, on doute, avec M. Guyau, de l'existence même d'un type propre du vers romantique. Ce qu'on appelle de ce nom n'est toujours que le vers classique avec une variété un peu plus continuelle et un peu plus hardie dans ses coupes; il n'y a point entre les deux vers de différence *essentielle*, et les meilleurs spécimens de l'un et de l'autre type se ressemblent jusqu'à identité.

selon la remarque très juste de M. Guyau, et voici deux vers de Victor Hugo qui, sans être accompagnés de leurs rimes, empruntent à un autre élément d'harmonie, à *l'allitération*, la musique la plus suave, la plus enchanteresse, dont une oreille humaine puisse être caressée :

> Un frais parfum sortait des touffes d'Asphodèle ;
> Les souffles de la nuit flottaient sur Galgala[1].

M. Théodore de Banville a dit avec esprit les choses les plus justes du monde sur l'importance de mettre à la rime un mot expressif, et sur la spontanéité avec laquelle ce mot se présente toujours et s'impose à l'imagination du vrai poète ; mais pourquoi fait-il tant de bruit de la *consonne d'appui*, c'est-à-dire de la consonne placée immédiatement devant les voyelles ou les diphtongues assonantes? A quoi bon ce paradoxe : « Sans

---

1. *Booz endormi* — Même sans allitération, voici des vers blancs choisis par M. Guyau dans Alfred de Musset, qui sont évidemment bien plus harmonieux que ne le seraient des vers pourvus de rimes riches, mais dépourvus de toute césure.

> Je voudrais m'en tenir à l'antique sagesse
> Qui du sobre Épicure a fait un demi-dieu
> Je ne puis malgré moi l'infini me tourmente,
> Je n'y saurais songer sans crainte et sans espoir
> Une immense espérance a traversé la terre,
> Malgré nous, vers le ciel il faut lever les yeux

consonne d'appui pas de rime, et par conséquent pas de poésie ; le poète consentirait plutôt à perdre en route un de ses bras ou une de ses jambes qu'à marcher sans la consonne d'appui »?

Il sait pourtant mieux que personne que certaines rimes pourvues de leurs consonnes d'appui, telles que *expirante* et *mourante*, *intrépide* et *rapide*, *horreur* et *fureur* [1], *affreuse* et *malheureuse*, *révéler* et *céler*, sont très médiocres, tandis que d'autres, qui n'ont point cette consonne, *réveil* et *soleil*, *aurore* et *sonore*, *penche* et *blanche* [2], *épaule* et *drôle* [3], *éclair* et *enfer*, des centaines encore du même genre, sont excellentes ou devraient du moins être tenues pour telles. Rien

[1] Mornay, parmi les flots de ce torrent rapide,
S'avance d'un pas grave et non moins intrépide,
Incapable à la fois de crainte et de fureur,
Sourd au bruit des canons, calme au sein de l'horreur
La Henriade

[2] Zéno l'observe, un doigt sur la bouche, elle penche
La tête, et, souriant, s'endort, sereine et blanche
Eviradnus

[3] La montagne ayant l'ouragan sur l'épaule,
Crachera l'avalanche à la face du drôle !
Le régiment du baron Madruce

Il est bien évident que, dans les quatre vers suivants d'*Athalie*, les meilleures rimes ne sont point celles qui offrent la plus riche consonance :

ATHALIE — Que présage, Mathan, ce prodige incroyable ?
MATHAN — Ce songe et ce rapport, tout me semble effroyable
ATHALIE — Mais cet enfant fatal, Abner, vous l'avez vu
Quel est-il ? De quel sang ? Et de quelle tribu ?

ne saurait être plus puéril que de s'interdire l'usage de pareilles rimes sous prétexte qu'elles ne sont pas assez riches : eh bien ! nous avons vu des écrivains en vers capables de cette puérilité !

Ainsi ne faisait pas Victor Hugo, qui les a toutes employées et qui a même poussé l'indépendance à l'égard de la rime jusqu'à se passer d'elle, ou peu s'en faut, dans un cas probablement unique d'ailleurs où deux mots assonants, très insuffisants comme rimes, mais très expressifs comme idées, lui ont paru les deux mots nécessaires que rien ne pouvait remplacer. Cette singularité se trouve à la fin d'un célèbre tableau de la pièce intitulée *Melancholia* dans *les Contemplations*. Le poète nous introduit dans une cour d'assises. Un pauvre a volé un pain pour nourrir sa famille. Un homme devenu riche en vendant à faux poids est juré. Il condamne ce pauvre. La foule approuve en silence, et s'écoule...

> Et rien ne reste là qu'un Christ pensif et pâle,
> Levant les bras au ciel dans le fond de la salle [1].

Ces deux vers riment à peine ou plutôt ne riment pas; ils se contentent de la simple asso-

1. Exemple cité par M. Guyau.

nance, telle que la pratiquaient nos vieux poëtes du moyen âge : mais quelle peinture, quelle musique et quelle poésie! Je mets au défi toutes les consonnes d'appui du dictionnaire de rimes, même aux mains d'un ouvrier aussi industrieux, aussi inventif que M. de Banville, de conclure le même morceau par un effet plus saisissant et plus solennel.

La vérité se trouve précisément à l'opposite du principe fondamental de M. Théodore de Banville : au lieu de tant parler d'affranchir tout l'alexandrin sauf la rime, c'est aujourd'hui la rime, bien plus que le reste du vers, qui a besoin qu'on la délivre, ou qu'on s'en délivre. Boileau l'appelait une « esclave »; Victor Hugo une « esclave-reine » : toute notion d'une rime *obéissante* a disparu désormais; elle est devenue une souveraine aux caprices illimités, une chose sacrée, une idole. La *superstition de la rime* est la maladie dont souffre le plus l'école de Victor Hugo, c'est-à-dire la poésie du XIXe siècle en général. De là cette allure contrainte et oblique de la plupart des vers contemporains, ce vol inquiet et en zigzag qui les a fait comparer tantôt à des volants rebondissant sur la raquette de la rime et tantôt à des chauves-souris, images peu gracieuses où ne subsiste aucune ressemblance avec l'alouette ni avec l'aigle montant librement dans les cieux.

Comment ne voit-on pas, en effet, qu'une préoccupation excessive de la rime doit gêner toute inspiration et rompre toute logique, en substituant à l'association normale des idées les enchaînements bizarres que la tyrannie fortuite d'un son plus riche et plus plein que les autres impose, en dépit de Minerve, à l'esprit des rimeurs ?

Du culte exagéré de la rime vient encore la pauvreté des motifs ou leur étrangeté. Le besoin luxueux d'une consonne d'appui diminue considérablement le nombre déjà si restreint des mots qui riment ensemble, par suite le nombre des idées; et comme la pensée ne peut être en définitive que ce que la rime lui commande ou lui permet d'être, il devient extraordinairement malaisé au poète de n'être pas banal, s'il veut garder le sens commun, ou de n'être pas absurde, s'il veut trouver quelque chose de neuf.

Victor Hugo s'était vanté avec raison d'avoir, en délivrant le mot, délivré la pensée [1]; et voilà

---

1.   Et je n'ignorais pas que la main courroucée
    Qui délivre le mot, délivre la pensée
            Réponse à un acte d'accusation

qu'à peine cette liberté précieuse rendue aux écrivains, la révolution romantique s'empresse de la confisquer! Les théoriciens de la rime trop riche remettent à l'esprit les menottes que venait justement de lui ôter le libérateur de la langue! Les législateurs du Parnasse moderne ont l'aplomb de dire au poète : « Tu es libre; tous les mots de tous les lexiques sont à ta disposition; ornes-en ta mémoire, enrichis-en ton vocabulaire; seulement tu ne feras rimer *fléau* qu'avec *préau*, *abeille* qu'avec *corbeille*, *rubis* qu'avec *brebis*, *profonde* qu'avec *fonde* ou ses composés [1]. » Ces puristes nouveaux en sont venus à cet excès de scrupule et de pruderie. d'être tout scandalisés des licences qu'ont prises les classiques! N'est-ce pas une chose étrange.

---

[1]. Si la consonance d'une syllabe est bonne, celle de deux ou de plusieurs syllabes est meilleure encore, et nous arrivons ainsi à la rime calembour (*Racine* rimant avec *racine*, *Corneille* avec *corneille*, *souffre* avec *soufre*), que certains romantiques prisent fort en effet M. Guyau, qui les raille avec esprit et qui dit : « Plus le calembour est complet, meilleure sera la rime, et aussi le vers, puisque la rime fait le vers », aurait pu citer, comme les chefs-d'œuvre du vers français, ces deux distiques que le regretté Marc-Monnier a composés par jeu :

> Gall, amant de la reine, alla (tour magnanime)
> Galamment de l'arène à la tour Magne, à Nîmes

> Laurent Pichat, virant (coup hardi), bat Empis
> Lor's Empis, chavirant, couard, dit : Bah! tant pis!

demande M. Guyau, de voir le romantisme finir par trouver que Racine s'est trop donné les coudées franches? « La liberté du rythme était très insuffisante chez les classiques ; celle de la rime est très insuffisante chez les romantiques. »

C'est donc la rime qu'il faut affranchir ou, pour parler avec plus de propriété et plus de mesure à la fois, c'est d'une dévotion superstitieuse au culte de la rime qu'il convient aujourd'hui d'affranchir les poètes.

Et qu'on n'aille pas se figurer qu'en les délivrant de ce que ce joug a de trop lourd, on leur facilitera la tâche. Tout au contraire. Certaines entraves sont des lisières, et la multiplicité des règles poétiques est merveilleusement secourable aux imaginations stériles. Lorsqu'à la fin du moyen âge la poésie française s'est trouvée épuisée, elle s'est mise volontairement à la gêne dans un véritable carcan d'ingénieuses difficultés, et jamais les jeux frivoles de la rime n'ont été plus en honneur qu'à cette époque. Tout présent fait à la liberté met l'homme en demeure de s'en rendre digne, et par conséquent ne peut être agréable à ceux que cette responsabilité effraie.

Moins de rimes demande d'autant plus de pensée, d'imagination, de poésie. Il ne s'agit pas d'imiter paresseusement, après la grande sonnerie de Victor Hugo, la clochette parfois un peu fêlée d'Alfred de Musset ou de La Fontaine : il s'agit de faire, avec cette sûreté et cette promptitude d'instinct qui distingue le maître poète du versificateur, un choix toujours intelligent et toujours difficile entre la rime riche, la rime simplement suffisante, et quelquefois même peut-être, dans de très rares exceptions, la rime effacée, presque éteinte afin que chaque vers fasse entendre sa note juste dans le concert poétique des sons et des idées, au lieu de lancer à tout coup, et souvent aux dépens du sens, sa fanfare uniformément sonore.

VI

CONCLUSION

Plusieurs fois, dans le cours de cette étude, j'ai parlé de *l'école* de Victor Hugo. A vrai dire, Victor Hugo n'a point d'école unique; mais de ce grand et complet poète, centre de la littérature du siècle, rayonnent diverses écoles où se reflètent les faces diverses de son génie.

Ainsi, l'école proprement *romantique*, qui s'inspire de la poésie du nord et généralement des littératures non classiques, de l'époque du moyen âge et généralement de l'ancienne France jusqu'à Louis XIII, a dans *Notre-Dame de Paris* son monument magistral, ainsi que dans *Hernani*, *Marion de Lorme* et les autres drames de cape et d'épée dont on voit flamboyer les couleurs pittoresques autour de quelque héros à l'âme sombre.

L'école romantique est passée de mode depuis une quarantaine d'années ; mais l'école *réaliste* est en pleine faveur, et son programme remonte à la préface de *Cromwell*, où le chef de la grande réforme littéraire réclame pour la nature entière. pour la laideur aussi bien que pour la beauté. le droit de figurer dans les tableaux de l'art. M. Zola n'aurait pas dû oublier cette origine. lorsqu'il a levé si fièrement l'étendard contre le romantisme et contre Victor Hugo considéré. par un préjugé très étroit, comme la personnification du seul romantisme.

L'école de *l'art pour l'art*, qui a pour coryphée Théophile Gautier, procède primitivement de la pétulante préface des *Orientales;* et s'il avait plu à M. Alexandre Dumas fils de rattacher sa doctrine contraire de *l'art utile* à quelque formule ultérieure du jeune maître devenu plus grave. il n'aurait eu que l'embarras du choix.

L'école dite des *Parnassiens*, qui a pour caractère distinctif le dédain de la pensée et de l'émotion, le culte de la forme et de la rime, prétend relever directement de Victor Hugo et ne se trompe peut-être pas ; mais M. Sully Prudhomme. qui s'émeut et qui pense, a très certainement échauffé d'abord son tendre et profond génie au foyer poétique de l'auteur des *Voix intérieures*.

Je cherche au xixe siècle un poète français qui soit resté en dehors de l'influence de Victor Hugo et je n'en trouve vraiment point, puisque Musset, qui se moque de lui, est né et a grandi sous son ombre, puisque Lamartine, son frère aîné, a fini par l'imiter. Baudelaire lui-même, disciple évident de Victor Hugo comme écrivain, mais d'ailleurs fort différent du maître, pourrait justifier le choix d'horreurs malsaines où se complaît son âme pervertie et son imagination corrompue, par l'exemple du poète immense qui a écrit *le Crapaud* et qui a dit avec humeur :

> J'aime l'araignée et j'aime l'ortie
> Parce qu'on les hait [1].

Mais les deux pièces auxquelles je fais allusion ont été inspirées par la bonté ; elles n'ont donc qu'une ressemblance d'étiquette avec les sujets favoris du triste auteur des *Fleurs du mal*. S'il y a dans l'œuvre de Victor Hugo quelque apparence de pessimisme, s'il est possible, en cherchant bien, d'y découvrir les traces de cette maladie du siècle qui a commencé par la langueur et le

1. *Les Contemplations*, livre III, xxvii.

vague de l'âme et qui est devenue, en s'aggravant, désespérance et haine de la vie, il y en a peu, à coup sûr, et seulement ce qu'il faut pour qu'il ne soit pas dit qu'aucune affection morale de l'époque troublée où nous nous agitons a pu faire totalement défaut au poète qui en est l'organe par excellence.

Le doute, la mélancolie, et tous les mauvais vents du siècle ont pu l'effleurer en passant, mais les habitudes fondamentales de son esprit demeurent l'espérance, la joie, la force, la confiance en l'avenir, au progrès, à la justice finale à l'ordre du monde, au bonheur du ciel remplissant un jour toute la terre, et pour tout dire d'un seul mot, la *foi en Dieu*. Victor Hugo croit aux vérités essentielles du spiritualisme, moins par un laborieux effort de sa pensée que par l'effet d'une santé naturelle de l'âme et de l'intelligence, et le grand nom de Celui qu'adoraient Bossuet et Racine resplendit à toutes les pages de ses œuvres. Sur ce point seulement il n'a pas fait école. Son optimisme religieux est unique et rien ne contribuait davantage, durant les vingt dernières années de sa vie, à l'isoler dans une sorte de majestueux recul, comme un ancêtre et comme un classique vénérable, au milieu d'une génération nourrie par Darwin et grisée par Schopenhauer.

Victor Hugo avait gardé l'antique foi de nos pères, persuadés avec Bacon, dans leur manière simple et haute de penser, que « nier Dieu, c'est détruire la noblesse du genre humain ». La noblesse foncière des sentiments : voilà ce qui donne l'unité que nous demandions à cette vie, à cette poésie de près d'un siècle, trop vibrante du contre-coup de toutes les révolutions politiques auxquelles elle s'est trouvée mêlée pour que la critique lui ait épargné le banal reproche d'inconsistance dans les idées. Accusation non seulement injuste, mais stupide, car c'est le droit et le privilège de tout être qui pense de changer d'avis ; l'immutabilité n'est ici-bas l'attribut que de la brute et de la borne, et ce qui est un droit devient un mérite et un honneur quand chaque conversion est un progrès. Or la pensée de Victor Hugo n'a cessé de suivre le courant qui entraîne le siècle vers l'achèvement de la révolution française, et s'il est permis de trouver qu'il est allé un peu vite et un peu loin dans cette voie, au moins n'a-t-il jamais rétrogradé.

Quoi ! parce que ma mere, en Vendée, autrefois,
Sauva dans un seul jour la vie à douze prêtres ;
Parce qu'enfant sorti de l'ombre des ancêtres,
Je n'ai su tout d'abord que ce qu'ils m'ont appris,
Qu'oiseau dans le passe comme en un filet pris,
Avant de m'echapper à travers le bocage,
J'ai dû laisser pousser mes plumes dans ma cage ;
Parce que j'ai pleuré, — j'en pleure encor, qui sait ? —
Sur ce pauvre petit nommé Louis Dix-Sept ;
Parce qu'adolescent, âme à faux jour guidee,
J'ai trop peu vu la France et trop vu la Vendée ;
Parce que j'ai loue l'héroïsme breton,
Chouan et non Marceau, Stofflet et non Danton,
Que les grands paysans m'ont cache les grands hommes,
Et que j'ai fort mal lu, d'abord, l'ere où nous sommes,
Parce que j'ai vagi des chants de royauté,
Suis-je toujours rivé dans l'imbécillite ?
Dois-je crier : « Arrière ! » à mon siecle ; à l'idee :
« Non ! » à la vérité : « Va-t'en, dévergondée ! »
L'arbre doit-il pour moi n'être qu'un goupillon ?
Au sein de la nature, immense tourbillon,
Dois-je vivre, portant l'ignorance en echarpe,
Cloîtré dans Loriquet et muré dans Laharpe ?
Dois-je exister sans être et regarder sans voir ?
Et faut-il qu'à jamais pour moi, quand vient le soir,
Au lieu de s'etoiler le ciel se fleurdelise ?

C'est en ces termes que l'auteur des *Contemplations* répondait en 1846 à un marquis, vieil ami de sa famille, qui lui avait écrit pour lui reprocher, avec une sévérité paternelle, ce qu'on appelait alors son apostasie. La lettre du marquis était en retard; il aurait pu l'écrire au moins seize ans plus tôt, avant que l'ancien poète vendéen eût atteint sa trentième année.

> Je hais l'oppression d'une haine profonde...
> Je suis fils de ce siècle ! une erreur, chaque annee,
> S'en va de mon esprit, d'elle-même etonnee,
> Et, détrompé de tout, mon culte n'est reste
> Qu'à vous, sainte patrie et sainte liberte !

Ainsi parlait déjà le jeune homme dans l'épilogue des *Feuilles d'automne*. et le lendemain des journées de juillet 1830, il s'écriait dans un transport d'enthousiasme :

> Oh ! l'avenir est magnifique !
> Jeunes Français, jeunes amis,
> Un siècle pur et pacifique
> S'ouvre à vos pas mieux affermis.
> Chaque jour aura sa conquête.
> Depuis la base jusqu'au faîte,
> Nous verrons avec majesté,
> Comme une mer sur ses rivages,
> Monter d'etages en etages
> L'irrésistible liberte !

Cette foi vaillante et robuste n'a jamais abandonné Victor Hugo, même à travers la sombre nuit de l'épreuve; la dernière pièce des *Châtiments*, qui a pour titre *Lux*, est un hymne d'espérance, le plus sublime peut-être qu'il y ait dans toute la poésie lyrique.

Il faut, avec ce prophète inspiré, que la lumière chasse l'ombre, que la haine se fonde en amour, que la tristesse éclate en chants de triomphe et de joie. Cette antithèse généreuse, dont les deux termes ne sont pas égaux, puisque à la fin le bien l'emporte sur le mal, est la loi de sa poésie tout entière et lui communique une incomparable noblesse. De quelle hauteur tomberaient aussitôt ses magnifiques satires, si l'on ne sentait plus palpiter sous la vengeance et la colère un cœur rempli de charité, si derrière les malédictions du justicier terrible qui se compare lui-même à un belluaire entrant le fouet à la main dans l'antre de la bête fauve pour l'écraser du pied[1], on n'apercevait pas le bon

---

[1]
O Dieu vivant, mon Dieu ! prêtez-moi votre force,
Et, moi qui ne suis rien, j'entrerai chez ce Corse
    Et chez cet inhumain,
Secouant mon vers sombre et plein de votre flamme,
J'entrerai là, Seigneur, la justice dans l'âme
    Et le fouet à la main,

Et, retroussant ma manche ainsi qu'un belluaire,
Seul, terrible, des mots agitant le suaire
    Dans ma sainte fureur,
Pareil aux noirs vengeurs devant qui l'on se sauve,
J'écraserai du pied l'antre et la bête fauve,
    L'empire et l'empereur !

(*Châtiments*. II, 7.)

V. HUGO ET LA POÉSIE FRANÇAISE AU XIX· SIÈCLE. 321

sourire du grand-père et ses mains étendues pour bénir les petits-enfants !

« O bonté des forts ! » s'écrie Victor Hugo dans son livre sur Shakespeare ; « leur émotion, qui peut être, s'ils veulent, tremblement de terre, est par instants si cordiale et si douce qu'elle semble le remuement d'un berceau ».

Ce géant qui tonne et qui fulmine, est bon. Il se penche sur la société, et il murmure à l'oreille des riches :

> Qui donne aux pauvres prête à Dieu.
> Le bien qu'on fait parfume l'âme ;
> On s'en souvient toujours un peu [1].

> Donnez ! pour être aimés du Dieu qui se fit homme,
> Pour que le méchant même en s'inclinant vous nomme,
> Pour que votre foyer soit calme et fraternel ;
> Donnez ! afin qu'un jour, à votre heure dernière,
> Contre tous vos péchés vous ayez la prière
> D'un mendiant puissant au ciel [2].

Il se penche vers les républiques en proie à l'éternelle douleur des iniquités sociales, et il fait entendre aux classes gouvernantes, en leur montrant leurs adversaires jaloux, cet avertissement tendre et grave :

1. *Dieu est toujours là.*
2. *Pour les pauvres.*

Helas ! combien de temps faudra-t-il vous redire
A vous tous, que c'etait à vous de les conduire,
Qu'il fallait leur donner leur part de la cite,
Que votre aveuglement produit leur cecité ;
D'une tutelle avare on recueille les suites,
Et le mal qu'ils vous font, c'est vous qui le leur fîtes ..
Avons-nous protege ces femmes ? avons-nous
Pris ces enfants tremblants et nus sur nos genoux ?
L'un sait-il travailler et l'autre sait-il lire ?...
Les avons-nous instruits, aimes, guides enfin.
Et n'ont-ils pas eu froid ? et n'ont-ils pas eu faim [1] ?

... Oh! n'insultez jamais une femme qui tombe [2] !

Il se penche vers la patrie, il tend ses bras vers elle en s'écriant :

Oh ! France, France aimée et qu'on pleure toujours [3] !

Il se penche sur toute l'humanité et sur toute la nature : il voit et salue dans l'avenir l'arbre saint du progrès qui croîtra couvrant de son ombre l'Europe et l'Amérique [4] ; il sent la divinité partout présente

Fremir dans le roseau,
Regarder dans l'aurore et chanter dans l'oiseau [5]

1. *L'Annee terrible, passim.*
2. *Les Chants du crepuscule*, XIV.
3. *Châtiments.* — *Ultima verba.*
4. *Lux.*
5. *A un riche.*

Il contemple avec une pitié profonde, dans l'œil songeur du lion prisonnier,

> Le regard éternel de la nature immense,
> Les etoiles, les pres, le lac serein, les cieux,
> Et le mystère obscur des bois silencieux [1].

Il aime enfin jusqu'aux êtres les plus infimes, les plus haïs, les plus méprisés de la création, *jusqu'à l'araignée et jusqu'à l'ortie.*

> J'ai dans le livre, avec le drame, en prose, en vers,
> Plaidé pour les petits et pour les misérables,
> Suppliant les heureux et les inexorables ;
> J'ai rehabilité le bouffon, l'histrion,
> Tous les damnes humains, Triboulet, Marion,
> Le laquais, le forçat et la prostituée ;
> Et j'ai collé ma bouche à toute âme tuée,
> Comme font les enfants, anges aux cheveux d'or,
> Sur la mouche qui meurt, pour qu'elle vole encor.
> Je me suis incline sur tout ce qui chancelle,
> Tendre, et j'ai demande la grâce universelle [2].

Le premier juin 1885, après quinze discours prononcés en l'honneur de Victor Hugo, un étudiant, parlant à son tour et le dernier au nom de la jeunesse française, déposa simplement sur le cercueil du glorieux mort une couronne de

---

1 *Les Contemplations* — *Baraques de la foire.*
2. *Les Contemplations*, v. 3.

fleurs. avec l'antique formule que les Romains associaient au nom de Jupiter.

Cette hyperbole, excusable en un pareil jour. résumait tous les panégyriques ; elle exprimait à la fois une admiration pleine de respect pour le génie olympien du poète, et une pieuse reconnaissance pour le noble exemple qu'il a laissé à la jeunesse française d'activité au travail, de foi en Dieu, d'amour pour le genre humain. de dévouement à la patrie, de charité pour les créatures misérables :

« A Victor Hugo, très grand et très bon ! »

FIN.

TABLE DES MATIÈRES

Préface   I

I. Victor Hugo juge de Racine   1

II. La poésie et la raison dans le théatre de Racine
    et au siècle de Louis XIV. 51
       I Logique de l'art classique. 60
       II. Rationalisme de l'art classique. 74
       III. Idéalisme de l'art classique 84
       IV. Réponse aux critiques précédentes 103

III. Victor Hugo et la poésie française au XIXᵉ siècle. 149
       I Coup d'œil sur l'œuvre de Victor Hugo;
          son étendue et sa variété. 153
       II. Critique du génie de Victor Hugo. . . . 183
       III Réponse à la critique précédente. 225
       IV. Réforme de la langue poétique. 259
       V. Réforme de la versification. 276
       VI. Conclusion. 313

HISTOIRE
DE LA
CIVILISATION FRANÇAISE

Par M. ALFRED RAMBAUD, professeur à la Faculté des lettres de Paris. — *Des origines à la Fronde*, 1 vol. in-18 jésus.   4 fr.

Dans le nouveau livre que nous présentons aux membres de l'enseignement et qui peut servir de complément à tous les cours d'histoire, M. ALFRED RAMBAUD s'attache, non pas à retracer après tant d'autres, les faits historiques des annales de notre pays : avènement et mort des souverains, guerres, traités, alliances, mais à réunir sur le développement et la vie de la nation française un ensemble précieux de connaissances propres à éclairer de vives lueurs les faits marquants et les grandes époques de notre histoire.

C'est la première fois que l'on présente, sous une forme accessible à tous et dans une vue d'ensemble, l'histoire des mœurs, des coutumes, des institutions de notre patrie. Dans ce livre, l'auteur a voulu faire profiter ses lecteurs des résultats de ses consciencieuses études et des meilleurs travaux français et étrangers.

Livre I. **Les Origines.** Temps primitifs. — Gaule indépendante. — Gaule romaine. — Gaule chrétienne. — Gaule franque.

Livre II. **Moyen âge.** la France féodale. Régime féodal. — Transformation de la société féodale. — Sa décadence. — La civilisation du moyen âge.

Livre III. **Temps modernes,** la France monarchique. La Renaissance — La réforme et les guerres de religion. — Progrès du pouvoir royal. — Richelieu. — La minorité de Louis XIV. — La Fronde et ses conséquences.

En préparation : De la Fronde jusqu'à nos jours, par le même. 1 vol. in-18 jésus.   4 fr.
— Abrégé de l'Histoire de la Civilisation française, par le même, à l'usage des écoles primaires. 1 vol. in-12, cartonné.   1 fr. 50

LA FRANCE COLONIALE

HISTOIRE — GÉOGRAPHIE — COMMERCE

Par M. ALFRED RAMBAUD, professeur à la Faculté des lettres de Paris, avec la collaboration d'une Société de géographes et de voyageurs. 1 vol. in-8°, de 750 pages, avec 12 cartes en couleur. Prix. 8 »

SOMMAIRE

Introduction historique, par ALFRED RAMBAUD.
L'Algérie, par M. P. FONCIN, inspecteur de l'Université, secrétaire général de l'*Alliance française*.
La Tunisie, par M. J. TISSOT.
Le Sénégal et ses dépendances, par M. le commandant ARCHINARD.
La Guinée du Nord · Etablissements de la Côte d'Or, Grand Bassam et Assinie par M. A. BRÉTIGNÈRE. — Etablissements de la Côte des Esclaves, Porto Novo, Kotonou, Grand Popo, par M. MÉDARD-BÉRALD
L'Ouest africain, par M. J. L. DUTREUIL DE RHINS.
L'Ile de la Réunion par M. C. JACOB DE CORDEMOY, membre du Conseil général de la Réunion.
Madagascar et les îles voisines par M. GABRIEL MARCEL, revu par M. ALFRED GRANDIDIER.
La Mer Rouge (Obock, Cheik-Saïd), par M. PAUL SOLEILLET.
L'Inde française, par M. HENRI DELONCLE.
L'Indo-Chine française, par M. le capitaine BOUINAIS et M. PAULUS.
L'Océanie française : Tahiti, par M. A. GOUPIL.
La Nouvelle-Calédonie, par M. CHARLES LEMIRE.
Terre-Neuve, Saint Pierre et Miquelon, par M. le lieutenant J. NICOLAS.
La Guadeloupe, par M. ISAAC, sénateur de la Guadeloupe.
La Martinique, par M. HURARD, député de la Martinique.
La Guyane, par M. JULES LÉVEILLÉ, professeur à la Faculté de droit de Paris.
Conclusion, par M. A. RAMBAUD

Depuis quelques années, les esprits se sont tournés, en France, vers les questions coloniales. Mais peu de personnes ont une juste idée de notre puissance coloniale et du véritable intérêt qu'aurait le pays à la voir s'accroître.

Il a donc paru à M. RAMBAUD que le temps était venu de donner au public un tableau impartial de nos colonies, qui pût aider à la solution des diverses questions qu'elles soulèvent.

Ayant fait une étude spéciale de la matière, M. ALFRED RAMBAUD comme tant d'autres, aurait pu écrire *ex professo* un livre sur ce sujet, mais il a cru mieux faire en confiant l'étude de chaque pays à un collaborateur, ayant non seulement vu ce pays, mais l'ayant habité, l'ayant exploré dans tous les sens et à tous les points de vue.

HISTOIRE GÉNÉRALE DE L'EUROPE
PAR LA GÉOGRAPHIE POLITIQUE

Par Edward A. Freeman, professeur honoraire au collège de la Trinité, Oxford. Traduit de l'anglais par M. Gustave Lefebvre, avec une préface de M. Ernest Lavisse, directeur d'études pour l'histoire à la Faculté des lettres de Paris. — 1 vol. in-8° de 700 pages, avec atlas in-4° renfermant 73 cartes ou cartons.................... 30 fr.

En publiant l'ouvrage intitulé : *The historical Geography of Europe*, titre que nous traduisons par « **Histoire générale de l'Europe par la Géographie politique,** M. Freeman s'est proposé, comme il l'a dit, de déterminer quelle a été, suivant les époques, l'étendue des territoires occupés par les différents États et nations de l'Europe, de tracer les limites que chacun de ces pays a possédées et les différentes significations qu'ont les noms qui servent à les désigner. »

Cet ouvrage s'adresse aux élèves des hautes classes des lycées, aux étudiants des facultés, en particulier aux étudiants en histoire, aux élèves de l'École libre des sciences politiques ; mais il offrira intérêt et profit à tous les hommes cultivés qui veulent suivre, en la comprenant, l'histoire politique de notre temps.

Le livre de M. Freeman est accompagné d'un **Atlas**, qui permet au lecteur de se rendre compte des transformations politiques de la carte européenne. Le traducteur y a ajouté un certain nombre de cartes nouvelles, destinées à faciliter l'intelligence du texte.

Au livre de M. Freeman, M. E. Lavisse a donné un utile complément. Dans un *avant-propos*, qui ne compte pas moins de 72 pages, il a fait une revision de l'histoire de l'Europe dont il a marqué les différentes périodes, caractérisant chacune d'elles, suivant à travers toutes le courant des idées et des sentiments qui ont conduit la politique. C'est une sorte de philosophie de l'histoire européenne qu'il a donnée, très librement faite et très instructive.

Questions d'Enseignement National, par
M. Ernest Lavisse, maître de conférences à l'École normale supérieure, professeur-adjoint à la Faculté des lettres de Paris. 1 vol. in-18 jésus, broché. 3 50

Le nouveau livre de M. Lavisse que nous présentons au public se compose de plusieurs morceaux écrits à des dates diverses et dans des circonstances différentes. Mais une idée maîtresse les relie, leur donne une véritable unité : c'est l'idée que l'Enseignement supérieur des sciences et des lettres doit prendre une grande place dans le système de l'éducation publique et que, par lui, comme par une source haute et intarissable, les connaissances générales, l'esprit scientifique et l'esprit national doivent être portés dans l'enseignement du lycée et de l'école.

L'élévation du point de vue où s'est placé l'auteur justifie le titre de son livre. Titre d'autant plus juste que, selon M. Lavisse, l'enseignement des facultés tel qu'il l'entend, doit rayonner jusqu'à l'école primaire où le patriotisme se conserve plus chaud peut-être qu'ailleurs.

Notes et Discours d'Albert Dumont, membre
de l'Institut, directeur honoraire des Écoles françaises d'Athènes et de Rome, directeur de l'Enseignement supérieur au Ministère de l'Instruction publique (1873-1884). 1 vol. in-18 jésus, broché. 3 50

Tous ceux qui s'intéressent au progrès des études de l'enseignement supérieur en France, savent le rôle important rempli par Albert Dumont durant sa trop courte carrière.

Il nous restait de lui des travaux de haute érudition qui ne suffiraient pas à faire apprécier les services rendus par ce savant écrivain à l'Université et à la science. C'est pour cela que de pieuses amitiés ont réuni dans ce volume un choix des allocutions prononcées par Albert Dumont en diverses occasions, des articles remarqués dans les principales revues, des notes d'administration et de statistique universitaire.

L'Expansion de l'Angleterre, par J.-R. Seeley,
professeur à l'Université de Cambridge. Traduit de l'anglais par M. le colonel J.-B. Baille et M. Alfred Rambaud, professeur à la Faculté des lettres de Paris, avec une Préface par M. Alfred Rambaud. 1 vol. in-18 jésus. 3 50

« La puissance anglaise — ainsi que le dit M. Rambaud dans sa remar-
« quable préface — est un phénomène inouï dans l'histoire : l'empire anglais
« est quatre fois et demi plus considérable que l'empire romain, aussi bien
« comme étendue que comme population, et celui-ci n'a jamais eu la
« vingtième partie des richesses de celui-là. »

Rechercher les efforts qui ont été nécessaires pour atteindre à ce degré de puissance, étudier les moyens employés pour conserver le plus de cohésion possible entre toutes les parties d'un semblable organisme, peser l'influence qu'une expansion aussi démesurée a pu avoir et a encore sur la mère patrie, tel est le but du livre dont nous présentons la traduction au public français. Il y a des leçons de politique et d'économie sociale qui ne s'adressent pas seulement aux compatriotes de l'auteur, mais aux citoyens de tous les pays, et avant tout aux Français.

PETITE ANTHOLOGIE
DES
MAITRES DE LA MUSIQUE

Depuis 1633 jusqu'à nos jours, par M. Léopold Dauphin. — 72 Romances et chansons. — Airs. — Duos et petits chœurs simplifiés pour voix d'enfants, avec accompagnement ou pour piano seul. — Précédée de conseils aux jeunes exécutants, d'une histoire de la musique avant Lulli, suivie de notes sur l'art musical contemporain, avec une biographie des principaux musiciens et un lexique des expressions musicales. 1 vol. in-4°, 50 gravures, cartonné.   5 fr.

Pour l'étude des œuvres littéraires, il existe des recueils de *morceaux choisis* avec des notices biographiques et bibliographiques sur les auteurs et leurs œuvres.

Rien de tel n'existe — du moins en France — pour la musique; aussi les maîtres, voués par profession à l'enseignement de cet art, savent à quel point son histoire est ignorée des élèves.

Dans la **Petite Anthologie des Maîtres de la Musique**, l'auteur s'est proposé de faire pour la musique ce que nombre de vulgarisateurs avaient fait déjà pour la littérature.

M. Dauphin a donc choisi dans l'œuvre des principaux maîtres les morceaux qui caractérisent plus particulièrement leur manière et leur tempérament, et il a fait précéder chaque fragment d'une notice qui, en retraçant la vie des musiciens, indique le rôle joué par chacun d'eux dans l'histoire de la musique.

Ce recueil est un livre classique par son utilité didactique et par son prix peu élevé : c'est en même temps un album de salon par l'heureux choix des morceaux et le soin de l'exécution matérielle. Enfin, si courtes qu'elles soient, les notices biographiques font bien connaître les maîtres qu'elles concernent ainsi que leurs œuvres.

Aucun livre jusqu'ici n'avait joint l'histoire des maîtres de la musique à des morceaux extraits de leurs œuvres, de manière à permettre aux jeunes musiciens de suivre l'histoire de la musique par ses chefs-d'œuvre et de se rendre compte de ses transformations jusqu'à nos jours.

Diapason-gamme Jaulin, donnant la gamme de do majeur, instrument à anches, à l'usage des écoles............ 5 »

REVUE INTERNATIONALE DE L'ENSEIGNEMENT

Publiée par la *Société de l'Enseignement supérieur*. Paraissant le 15 de chaque mois. Abonnement (du 1ᵉʳ janvier) annuel.   24 »

La *Revue internationale de l'Enseignement*, est une sorte de tribune internationale ouverte à toutes les idées qui intéressent le haut enseignement; mais il s'occupe incidemment des grandes questions qui touchent à l'enseignement secondaire et à l'enseignement élémentaire.

Le comité de rédaction se compose de :

MM. BOUTMY, de l'Institut, directeur de l'Ecole des sciences politiques,

LAVISSE, directeur d'études pour l'histoire à la Faculté des lettres de Paris, secrétaire général;

PETIT DE JULLEVILLE, maître de conférences à l'Ecole normale supérieure secrétaire général adjoint,

BRAUSSINE, membre de l'Institut, président.

BERTHELOT, de l'Institut, inspecteur général de l'enseignement supérieur;

G. BOISSIER, de l'Académie française, professeur au collège de France;

BRÉAL, de l'Institut, inspecteur général de l'enseignement supérieur,

BUFNOIR, professeur à la Faculté de droit de Paris;

A. COLIN, éditeur;

MM. DASTRE, maître de conférences à l'Ecole normale supérieure;

FUSTEL DE COULANGES, de l'Institut, professeur à la Faculté des lettres de Paris;

GAZIER, maître de conférences à la Faculté des lettres de Paris;

P. JANET, de l'Institut, professeur à la Faculté des lettres de Paris;

LÉON LE FORT, professeur à la Faculté de médecine de Paris;

MARION, chargé de cours à la Faculté des lettres de Paris,

MONOD, directeur adjoint à l'école des hautes études,

PASTEUR, de l'Académie française;

TAINE, de l'Académie française, professeur à l'Ecole des beaux-arts,

M. EDM. DREYFUS-BRISAC, rédacteur en chef.

Cette énumération des principaux collaborateurs de la *Revue* suffit à en indiquer l'importance littéraire et pédagogique

La *Revue internationale de l'Enseignement* outre les articles de fonds sur les sujets qui intéressent les hautes études, contient, dans chaque numéro, une *Chronique de l'Enseignement* passant en revue la situation des facultés de France, des divers établissements qui s'y rattachent et des universités étrangères; des *Nouvelles et informations*, qui recueillent tous les faits de nature à intéresser le corps enseignant, une reproduction des actes et documents officiels, et une Bibliographie.

A la même Librairie

La France Coloniale, — histoire, — géographie, — commerce, par M. ALFRED RAMBAUD, avec la collaboration d'une société de voyageurs et de géographes. 1 vol. in-8º de 750 pages avec 12 cartes en 3 couleurs, broché.   8 »

L'Expansion de l'Angleterre, deux séries de lectures, par J.-R. SEELEY, traduites de l'anglais par M. le Colonel BAILLY et M. ALFRED RAMBAUD 1 vol in-18 jésus, broché.   3 50

Histoire de la Civilisation française depuis les origines jusqu'à nos jours, par M. ALFRED RAMBAUD. *Des origines à la Fronde*. 1 vol., broché   4 »

Leçons de Psychologie appliquée à l'Éducation, par M. HENRI MARION, Docteur ès lettres, Professeur de philosophie, chargé d'un cours complémentaire sur la Science de l'éducation près la Faculté des lettres de Paris. 1 vol. in-18 jésus, broché.   4 50

Petite Anthologie des Maîtres de la Musique depuis 1633 jusqu'à nos jours, ouvrage comprenant : 71 morceaux de chant (solos, duos et chœurs), avec arrangement facile pour piano, — un exposé sommaire de l'histoire de la musique, — des notes sur l'art musical contemporain, — les biographies des principaux musiciens, — un lexique des expressions musicales, — 50 gravures. — portraits et fleurons, par M. LÉOPOLD DAUPHIN 1 vol in-4º, cart.   5 »

Histoire générale de l'Europe par la Géographie politique, par EDWARD A. FREEMAN, Membre honoraire du Collège de la Trinité à Oxford, traduction de l'anglais par GUSTAVE LEFEBVRE ; avec une préface de M. ERNEST LAVISSE, Directeur d'études pour l'histoire à la Faculté des lettres de Paris. 1 vol. in 8º, broché et atlas in-4º de 73 cartes, demi-reliure toile.   30 fr.

www.ingramcontent.com/pod-product-compliance
Lightning Source LLC
Chambersburg PA
CBHW050759170426
43202CB00013B/2484